innenwelt verlag

2. Auflage 2010

Umschlaggestaltung: Silke Watermeier, www.watermeier.net
Copyright© 2010 Innenwelt Verlag GmbH, Köln
www.innenwelt-verlag.de

Druck: Westermann Druck Zwickau GmbH, Zwickau
Printed in Germany
ISBN 978-3-936360-58-5

Wilfried Nelles

MÄNNER, FRAUEN & die LIEBE

Über kindliche Ansprüche und erwachsene Bedürfnisse

Inhalt

Vorbemerkung

Wenn Sie mein Buch „In guten wie in schlechten Zeiten" gelesen haben, werden Ihnen einige Passagen des vorliegenden Buches bekannt vorkommen. Das gilt besonders für den Anfang („Freie Liebe"). Ursprünglich wollte ich „In guten wie in schlechten Zeiten" nur für eine Neuausgabe überarbeiten, aber als ich einmal dabei war, habe ich immer mehr verändert und die zweite Hälfte komplett neu geschrieben. So ist aus der Überarbeitung am Ende ein neues Buch geworden, das ich auch Lesern des alten Buches empfehlen möchte.

Marmagen, 25. Februar 2010, Wilfried Nelles

Freie Liebe

Augen-Blicke

Ich war Anfang zwanzig, Student im dritten Semester und wie üblich am Wochenende zu Hause im Elternhaus. Seit einigen Wochen traf ich mich mit einem Mädchen – mal gingen wir ins Kino, mal auf eine Fete. Sie war wohl in mich verliebt, ich hingegen fand sie zwar ganz nett, wollte aber eigentlich nur etwas weibliche Gesellschaft. An diesem Samstag waren wir auf einer Schülerfete meines ehemaligen Gymnasiums. Ich weiß nicht mehr, wieso ich überhaupt dorthin gegangen bin – ich hatte nämlich beim Abitur geschworen, dieses Gebäude nie mehr zu betreten. Ich habe das auch dreißig Jahre lang nicht mehr getan. Aber an jenem Abend bin ich aus unerfindlichen Gründen – vielleicht weil meine Begleiterin es wollte – auf diesen Schülerball gegangen (er fand allerdings nicht im Schulgebäude statt, so dass ich es so gerade noch mit meinem Vorsatz vereinbaren konnte). Ich glaube, ich habe mich ziemlich gelangweilt. Es gibt allerdings einen Moment, an den ich mich immer noch erinnere: Ich tanzte mit meiner Partnerin und schaute plötzlich einem Mädchen in die Augen, das einige Meter entfernt mit ihrem Freund tanzte. Es waren nur wenige Sekunden, aber ich hatte das Gefühl, dass es entscheidende Sekunden waren.

Ich hatte dieses Mädchen schon einmal von weitem gesehen und von ihr gehört. Sie hatte noch eine ältere Schwester, die beiden gingen auf das benachbarte Mädchengymnasium, sahen fast wie Zwillinge aus und waren ausnehmend hübsch, so dass jeder Schüler sie kannte, aber an diesem Abend hatte ich sie (und sie mich) zum ersten Mal angeschaut. Danach habe ich meine Begleiterin nach Hause gebracht und mich nicht mehr mit ihr getroffen. Ich wusste jetzt, wen ich wirklich treffen wollte.

Zwei Wochen später war es so weit. Es gab eine Tanzveranstaltung in ihrem Wohnort, die ich mit organisiert hatte. Diesmal war ich ohne Begleiterin. Plötzlich sah ich sie und ihre Schwester. Ich wartete noch eine viertel oder eine halbe Stunde, dann machte ich mich auf den Weg, um sie zum Tanzen aufzufordern. Als ich an ihrem Tisch stand, saß da nur eine der beiden, und ich wusste plötzlich nicht mehr, ob es die Richtige war. Obwohl, wie ich bald erfahren sollte, in ihrem Wesen grundverschieden, waren die beiden äußerlich damals für mich kaum zu unterscheiden. Man musste ihnen schon in die Augen schauen. Nun gut, da ich zielstrebig auf sie zugesteuert war, konnte ich jetzt keinen Rückzieher machen. Also habe ich sie angesprochen und gefragt, ob sie mit mir tanzen möchte. Sie stimmte zwar zu, aber nach der Art, wie sie dies tat, konnte sie eigentlich nicht die Richtige sein – oder sollte ich mich vor zwei Wochen bei unserem Augen-Blick so getäuscht haben? Ein wenig verunsichert begann ich, mit ihr zu tanzen. Da sah ich die andere nach ein paar Minuten zu ihrem Platz zurückkommen. Sie schaute herüber, und ich wusste: Ich habe mich nicht getäuscht, sie war die Richtige. Als ich nach dem Tanz die beiden austauschte, schwand auch noch der letzte Rest eines Zweifels. Sie war die Richtige, und etwas in mir hat dies vom ersten Augen-Blick an gewusst.

Die Liebe ist frei – und zwingt uns

Was passiert da eigentlich? Wer oder was führt da Regie? Ich höre oder lese gelegentlich Sätze wie „Das entsprach nicht meinem Lebensplan", und manche meinen, man müsste solche Pläne machen und empfehlen so etwas jungen Menschen. Mir ist das völlig fremd, ich habe keinen Lebensplan und bin froh darüber. Selbstverständlich haben wir Ideen, Vorstellungen, Wünsche, Träume und machen uns Gedanken, wie wir sie realisieren können. Das ist nicht nur ganz normal, sondern auch wichtig, denn es bringt und hält uns in Bewegung und gibt uns eine Ausrichtung. Wenn die Wünsche oder Ideen diffus sind, bleibt auch unser Leben diffus, wenn wir nicht wissen, was wir wollen, stecken wir oft fest, kommen nicht in Bewegung oder drehen uns im Kreis. Wenn die Wünsche aber zum Plan werden, meinen wir insgeheim, das Leben müsste diesem Plan folgen. Das ist der Anfang von einem sehr verkrampften und stressigen Leben, denn jetzt wird potenziell alles schlecht oder gefährlich, was nicht nach Plan läuft. Aber Wünsche und Ideen sind das eine, was das Leben für uns bereithält, ist das andere. Und es richtet sich bestimmt nicht nach unserem Plan.

Das Leben ist kein Haus, das wir planen und konstruieren können, und ebenso wenig ist eine Beziehung eine Konstruktion. Eine Beziehung entsteht und wächst, sie folgt einer inneren, uns verborgenen Logik. Leben ist Wachstum. Die wichtigsten Dinge im Leben geschehen nicht nach Plan. Oft genug werfen sie sogar alle Pläne über den Haufen. Sie passieren, sie geschehen! Das erfahren wir nirgendwo deutlicher als in Liebesbeziehungen. Sie verdienen diesen Namen nur, wenn sie offen bleiben und sich nicht der Unberechenbarkeit des Lebens verschließen. Denn Unberechenbarkeit und Offenheit ist die Natur der Liebe. Das merkt man besonders am Anfang – sie kommt immer überraschend und ungeplant, und sie ist immer ein Geschehen und nichts, was wir machen.

Wenn einem die Liebe geschieht, wenn sie einem begegnet, kommt sie aus dem Unbekannten, zu ihrer Zeit, zu ihren Bedingungen. Nicht dass es immer die Liebe auf den ersten Blick sein muss, es kann auch der zweite oder dritte sein, es kann auch mit einer Frau oder einem Mann passieren, die oder den man seit Jahren kennt – plötzlich schaut man sich an, und etwas ist anders, etwas ist passiert oder passiert in diesem Moment, was all die Jahre nicht passiert ist und was man nie erwartet hätte.

Welcher Ehemann sieht schon aus wie der Traumpartner, für den die Frau als Teenager geschwärmt hat? Vielleicht gibt es gewisse Dinge, die man gut findet, gewisse Äußerlichkeiten, die einen schon immer mehr angezogen haben als anderes – aber dass es ausgerechnet der sein würde? Tatsache ist: Die Liebe kommt, wann sie will, mit wem und durch wen sie will und wie sie will. Wir sind ihr ausgeliefert. So war es von Anfang an, und so wird es immer bleiben. Das wollen wir aber nicht. Wir wollen nicht ausgeliefert sein. Was uns fehlt, was wir uns wünschen, wollen wir bekommen, uns vielleicht auch erarbeiten oder erkämpfen; und was wir einmal haben, wollen wir festhalten, unbedingt behalten. Und damit beginnt bereits der Kampf, und es könnte schon der Anfang vom Ende sein. Denn was wir festhalten können, ist nur die Hülle.

Die Liebe selbst ist freier als ein Vogel. Die Faust, die sie halten will, erdrückt sie, wenn sie ihr nicht im letzten Moment entwischt. Aber die Sehnsucht nach genau diesem

Partner, das Bedürfnis nach Verbindung und Bindung, die Lust der Verschmelzung, der Wunsch nach Dauer und Ewigkeit ist auch Teil der Liebe, kommt uns mit ihr zugeflogen. Gestern noch wolltest du nichts als frei, ungebunden und unabhängig sein, und heute pfeifst du darauf, wenn du nur mit dem oder der Geliebten zusammen sein kannst. Also beginnen wir eine Beziehung. Manchmal wird daraus eine Ehe, dann ist die Liebe sozusagen amtlich. Ein Versprechen mit bindender Wirkung, sowohl äußerlich als auch innerlich.

Manche meinen, mit einer festen Beziehung oder gar einer Ehe hätten sie den Partner und hätten sie auch die Liebe, vielleicht sogar ein Anrecht darauf. Nichts ist falscher, und nichts ist zerstörerischer für die Liebe. Sie ist und bleibt immer frei, wie amtlich wir auch gebunden sein mögen. Sie ist frei, weil sie uns nie gehört hat.

Das führt wiederum andere zu dem Glauben, die Liebe sei frei und man könne mit ihr nach Belieben umgehen und nach Belieben über sie verfügen. Das ist genauso falsch wie die Idee, sie oder den Partner besitzen zu können – wer so denkt oder handelt, wird die Liebe nie wirklich erfahren. Die Liebe ist frei, ja, aber sie ist nicht frei wie eine Ware, die wir kaufen, eine Zeit lang besitzen und konsumieren und dann wieder verkaufen können, sondern sie ist frei, weil sie nie jemandem gehört hat und nie jemandem gehören wird. Sie ist eine Kraft, die für sich existiert, eine Kraft, die sehr wohl uns ergreifen kann, die aber niemals wir ergreifen und haben können. Wir können in ihr sein – dann ist sie auch in uns –, aber wir können sie nie haben. Sie hat uns. Und sie bindet uns, verpflichtet uns, zwingt uns. Obwohl sie frei ist, bindet sie diejenigen, die sich auf sie einlassen. Weil wir dies wissen oder zumindest ahnen, tun wir uns so schwer damit, uns ganz in die Liebe fallen zu lassen. Was bedeutet dann Beziehung, Partnerschaft, Ehe? Nicht mehr und nicht weniger, als eine gemeinsame Hingabe an diese Kraft, die über die beiden gekommen ist, sie entflammt und zusammengebracht hat. Ein Ja, sich dieser Kraft anzuvertrauen, sich von ihr bewegen, von ihr führen, von ihr vielleicht auch quälen, verbrennen und läutern zu lassen.

Tödlicher Pfeil

Das Verliebtsein wird gerne mit einer bildlichen Darstellung symbolisiert, die auf einer alten Geschichte beruht: der Geschichte des römischen Liebesgottes Amor mit Pfeil und Bogen. Auf den Bildern schwebt meist ein putziges nacktes Kerlchen in der Luft und schießt mit seinem Bogen Pfeile in rote Herzchen. Die wirkliche Geschichte, dass uns Amor mit seinem Pfeil ins Herz trifft, hat jedoch eine viel tiefere Bedeutung, als es in diesen Bildchen zum Ausdruck kommt. Es zeigt nur ihre Naivität, wenn sich Verliebte Postkarten mit Amor und seinem Bogen oder einem Herzen mit Pfeil drin schicken. Es ist alles andere als eine romantische Geschichte, es ist durchaus auch eine sehr schmerzhafte Geschichte. Denn schließlich werden wir verwundet! Und wir werden nicht irgendwo verwundet, sondern in unserem Innersten, dort, wo es nicht nur am tiefsten schmerzt, sondern wo das Zentrum, der Puls unseres Lebens ist: mitten im Herzen! Eigentlich müssten wir sterben, denn ein Pfeil im Herzen ist tödlich. Eigentlich? Nein, tatsächlich! Genau das ist es, was die Liebe von uns fordert: zu sterben! Wenn wir der Liebe wirklich folgen, wenn wir die Wunden, die sie in unsere Herzen bohrt, wirklich nehmen – und sie nicht zum Vorwand nehmen, unser Herz zu „schützen", was bedeutet: es zu verschließen –, dann ist das unser Tod. Natürlich nicht der physische Tod, aber der Tod unseres Ego, unserer Vorstellungen über uns selbst, über das Leben, die Liebe, die Welt.

Zunächst allerdings lässt die Liebe uns erst richtig leben. Nie haben wir uns so lebendig gefühlt wie in jenen Tagen der großen Verliebtheit, und wahrscheinlich werden wir uns auch nie mehr so lebendig fühlen. Kein Wunder: Da meint doch tatsächlich – so scheint es uns jedenfalls – jemand mich, findet mich interessanter als alle anderen, will mit mir zusammen sein. Und so haben wir nicht selten das Gefühl, jetzt erst richtig zu leben.

Dank der Biochemie wissen wir heute, dass das mit den Hormonen zusammenhängt. Endorphine und andere Glücklichmacher werden verstärkt vom Körper produziert. Vielleicht, wahrscheinlich sogar, sind diese noch recht neuen und bruchstückhaften Erkenntnisse die Grundlage einer chemischen Glücksindustrie. So wie heute schon in jedem Fitnessstudio die Präparate für einen schnellen und gezielten Muskelaufbau die Runde machen und fast jeder Spitzensportler seine Leistungsapotheke im Reisegepäck hat, wird vielleicht in naher Zukunft jeder seine Glücks-pillen einwerfen. Das würde immerhin die Abhängigkeit von den Launen des Schicksals oder des Zufalls mildern, da wir uns jederzeit in den Zustand der Verliebtheit versetzen könnten. Aber es wäre eine recht autistische Angelegen-heit – wenn der andere nicht mehr gebraucht wird, entfällt auch der Austausch und die Notwendigkeit zur Ausein-andersetzung, und damit eine wichtige Grundlage für Lernen, Entwicklung und Wachstum.

Doch bleiben wir in der Gegenwart. Die biochemischen Erkenntnisse mögen zwar von industriellem Nutzen sein, aber erklären tun sie nichts. Was zwischen Mann und Frau – gelegentlich auch zwischen Mann und Mann oder zwischen Frau und Frau, worauf ich hier aber nicht weiter eingehe – tatsächlich abläuft, was dazu führt, dass genau bei dieser Person und genau in diesem Augenblick der Anstoß zur Hormonproduktion gegeben wird, ist immer noch ein Geheimnis und wird wohl auch immer ein Geheimnis bleiben.

Die Achtung dieses Geheimnisses ist eine wichtige, vielleicht sogar die wichtigste Bedingung dafür, dass aus diesem ersten, Verliebtheit genannten Aufruhr der Gefühle eine tiefe, seelisch fruchtbare Beziehung werden kann (die fleischliche Fruchtbarkeit ist zwar, wie wir gleich sehen werden, mindestens genauso wichtig, aber sie stellt sich mehr oder weniger von selbst ein und braucht wenig Einsicht und Anstrengung von unserer Seite). Amors Pfeil zeigt uns, wie dies geht: Indem wir uns an unserer empfindlichsten Stelle treffen und verwunden lassen.

Das Unbekannte

Wenn Mann und Frau sich begegnen, begegnen sich zwei Welten. Viele Zeitgenossen meinen, man müsste sich mehr anstrengen, den jeweils anderen zu verstehen. Auf dem Büchermarkt sind Ratgeber, die Frauen nahe bringen, wie Männer denken, fühlen und handeln, seit Jahren ein Renner. Es gibt solche Bücher natürlich auch für Männer, aber die meisten von ihnen interessieren sich nicht sehr dafür – es sei denn, es geht darum, was Frauen sexuell wollen und wie man sie am besten befriedigt. Es ist selbstverständlich nichts dagegen einzuwenden, dass man versucht, sich in den anderen hineinzuversetzen oder etwas über den Partner oder das andere Geschlecht generell zu lernen. Das ist allemal besser, als das andere und den anderen zu verurteilen, sich über ihn lustig zu machen oder ihn zu bekämpfen, weil man sein Anderssein nicht ertragen kann. Aber man sollte nicht meinen, dass dies je dazu führen könnte, den anderen zu verstehen. Alle Bemühungen in diese Richtung führen nie zum Ziel. Und falls sie es doch täten, falls die Männer die Frauen und die Frauen die Männer wirklich verstehen würden, wäre der Zauber vorbei. Das Bedürfnis, den anderen zu verstehen, ist in der Tiefe ein Bedürfnis nach Kontrolle und Einverleibung. Was ich verstehe, ist mir nicht mehr fremd, ist so wie ich. Damit habe ich es zugleich im Griff, kann es handhaben und mir zu Diensten machen. In dieser Haltung verwandelt sich die Liebe von dem Mysterium, das sie in Wirklichkeit ist, zu einer Managementaufgabe. Damit ist sie tot.

Es ist aber gerade das Fremde, das ganz und gar Andere, was den Funken entzündet und die Flamme am Leben hält. Im Allgemeinen verlieben wir uns in eine Person, die wir nicht kennen (in dem Maße, in dem wir sie kennenlernen, schwindet dann meist die Verliebtheit), und in den wenigen Fällen, wo es jemand ist, den wir schon länger kennen, sehen wir diese Person plötzlich in einem neuen Licht, d.h. wir haben etwas Neues, Anderes, Unbekanntes an ihr entdeckt. Das, was die Sache in Bewegung bringt, ist immer das Unbekannte. Etwas, das wir selbst nicht haben und jetzt über den anderen kennenlernen können. Etwas, an dem wir über den Partner teilhaben können. Dieses Andere ist für uns immer geheimnisvoll. Es zieht uns zu diesem Geheimnis, wir wollen es ent-decken und ergründen, aber es muss zugleich gewahrt bleiben, denn es ist eine wichtige Grundlage der Beziehung. Wenn die Frau für den Mann kein Geheimnis mehr wäre, wenn die Frauen uns Männer wirklich ganz verstehen würden, wäre das Spiel zu Ende.

Bei der Liebe – und ebenso beim Sex – geht es nicht um Verstehen, sondern um Teilhabe, um Austausch, um Geben und Nehmen und Sich-Mitteilen. Der andere hat, was mir fehlt, er ist, was ich nicht bin, und die Liebe und die sexuelle Anziehung existieren nur, weil es diese Polarität gibt und solange es sie gibt. Der Strom zwischen Pluspol und Minuspol fließt, solange beide bleiben, was sie sind. Wenn es da etwas zu verstehen gibt, dann sich selbst. Besser als Verstehen ist es aber, sich zu fühlen und zu lieben – das Verstehen kommt dann von selbst.

Bei der Begegnung von Mann und Frau ist es zunächst und ganz allgemein das andere Geschlecht, was dieses Unbekannte darstellt. Es ist die Welt der Frau, das Geheimnis des Weiblichen, das den Mann zieht und zugleich in ihm das Männliche weckt. Und es ist das Männliche, was die Frau fasziniert, was sie in ihrer Weiblichkeit herausfordert und bestätigt. Man kann dies jederzeit beobachten, wenn zu einem Frauenkreis ein Mann dazustößt oder eine Frau sich einer Männerrunde beigesellt – alle verhalten sich sofort anders. Das ist ganz unabhängig vom Alter oder davon, ob es sich um sehr weibliche oder eher männlich-herbe Frauen- bzw. Männertypen handelt. Man kann es sogar im Altersheim beobachten. Sobald ein Mann eine Frauenrunde oder eine Frau eine Männerrunde betritt, beginnt ein besonderes, uraltes Spiel, das Mann-Frau-Spiel.

Das Mann-Frau-Spiel

Es ist gut, sich klar zu machen, dass dieses Spiel nur vorder-
gründig dem Vergnügen der Spieler dient. Dies tut es zwar
auch, aber letztlich ist dieses Vergnügen nur Mittel zum
Zweck. Der Zweck ist ganz nüchtern und völlig unpersönlich – oder besser: überpersönlich. Es geht um die Reproduktion der Art, um ihre Erhaltung durch Fortpflanzung.
Wir sind Spieler in einem Spiel, das sich die Evolution vor
Millionen Jahren, als die Spezies Mensch noch in weiter
Ferne lag, „ausgedacht" hat. In Zeiträumen, die unserem
Vorstellungsvermögen gänzlich entzogen sind, hat sich Art
um Art nach den Regeln dieses Spiels entwickelt, fortge-
pflanzt und in andere Arten verwandelt.

„Im Anfang war das Wort", heißt es in der Bibel (Gene-
sis). Das ist eine schöne Aussage, und sie scheint mir wahr
zu sein. Ebenso wahr ist jedoch eine Abwandlung dieses
Satzes, die einen anderen Sachverhalt beleuchtet: Im Anfang war der Sex. Wir sind Sex, die gesamte Existenz ist
Sex. Jeder Frühling ist eine einzige Orgie der Natur, ein
orgiastischer Tanz des Befruchtens und Befruchtetwerdens,
das ewige Spiel der Schöpfung. Dieses Spiel spielen auch
wir Menschen, wie zivilisiert wir uns auch geben und wie
sehr wir es auch verstecken mögen. Ob wir es mit Lust
spielen oder mit schlechtem Gewissen, tut für das Spiel
selbst nichts zur Sache. Es steckt uns in jeder Zelle und entzieht sich unserer Kontrolle. Die Verliebtheit, der Tanz der
Hormone, die Freude des Gebens und Nehmens, die Geilheit, die Lust – sie stehen alle im Dienste der Arterhaltung
und haben sich im Laufe der Jahrmillionen als effektivstes
Mittel erwiesen, diese zu gewährleisten. Der Natur geht es
nur darum, dass wir mitspielen. Aber für uns selbst ist es

schon wichtig, wie wir es spielen, ob wir uns dem Tanz hingeben oder uns nur widerstrebend hier und da mitziehen lassen.

Nicht nur die Lust dient der Arterhaltung und ist der Natur Mittel zum Zweck, sondern auch die Liebe. Man braucht sie nicht zur Zeugung, aber man braucht sie, damit das Gezeugte und neu Entstandene wachsen und gedeihen kann. Denn der Mensch wäre ohne die Fürsorge anderer nicht lebensfähig. Der Säugling kann allein nicht überleben, er braucht die Zuwendung, den Schutz und die Nährung durch andere, in erster Linie natürlich durch die Mutter. Und diese braucht, wenn sie sich ganz dieser Aufgabe widmet, selbst die Unterstützung durch andere, in erster Linie durch den Mann, der ihr das Kind gezeugt hat.

Dies gewährleistet die Natur durch eine emotionale Bindung, die sich am deutlichsten in der Liebe ausdrückt. Die Partnerliebe und die Elternliebe sind also auch Mittel der Natur, um den Fortbestand der Art zu sichern. Die Basis der Beziehung zwischen Mann und Frau ist die Erhaltung der menschlichen Art durch deren Fortpflanzung. Lust, Liebe und alles andere, was Mann und Frau aneinander bindet und die Paarbeziehung ausmacht, hat darin seine Grundlage, seinen Ursprung und seinen Zweck. Sie sind von ihrem Wesen her darauf bezogen und in diesen Vorgang einbezogen. Das heißt, sie dienen nicht in erster Linie dem eigenen Wohlbefinden, sondern sind Mittel zu einem Zweck, der den Einzelnen übersteigt und auf seine Befindlichkeit im Grunde keine Rücksicht nimmt.

Was nicht heißt, dass wir uns nur zu diesem Zweck sexuell betätigen dürften oder ihn beim Sex ständig im Auge haben müssten. Wir können uns ganz egoistisch miteinander paaren und vergnügen, uns ganz unserer Lust hingeben. Je mehr wir dies tun, umso mehr dienen wir dem eigentlichen Zweck des Ganzen, denn dieser ist sozusagen in das Mittel (die Lust) eingebaut. Wenn wir uns vorbehaltlos unserer sexuellen Lust hingeben, so wie sie auftaucht, dienen wir natürlicherweise am besten der Arterhaltung.

Natürlicherweise – denn es gibt eine einschneidende Veränderung: Wir sind heute zum ersten Mal in der Geschichte der Evolution in der Lage, das Mittel vom Zweck gänzlich abzukoppeln. Wir können uns dem Vergnügen des Spiels, sozusagen dem reinen, zweckfreien Spiel, überlassen, ohne dass es weiterhin dem Zweck dient, zu dessen Erfüllung es einst entstanden ist.

Im Klartext: Wir können Sex haben, soviel wir wollen, ohne Kinder zu bekommen. Und wir sind dabei, uns fortpflanzen zu können, ohne miteinander Sex zu haben. Sex und Fortpflanzung sind nicht mehr untrennbar aneinander gekoppelt. Damit bekommt die Sexualität eine eigenständige Bedeutung, sie wird zunehmend zum Zweck in sich selbst. Sie ist nicht mehr der Trieb, dem man ganz natürlich und ohne nachzudenken folgt oder dem man sich unterwirft, weil man ihm nicht widerstehen kann, oder dem man sich bewusst und voller Freude hingibt, dessen Folgen man dann aber auch tragen muss (vor allem als Frau), sondern ein bloßes Vergnügen, dem man mehr oder weniger intensiv nachgeht und worauf viele einen Anspruch zu haben glauben.

Was diese Veränderung des Spiels für die Beziehung zwischen Mann und Frau bedeutet, ist noch kaum absehbar. Aber es ist klar, dass sie diese grundlegend verändert. Es geht mir nicht um eine Bewertung dieser Entwicklung. Sie ist einfach gegeben. Und weil sie gegeben ist, ist es an uns, sie zu nehmen und damit umzugehen.

Wie jede tiefe Neuerung stellt sie uns vor neue Herausforderungen, an denen wir wachsen oder auch scheitern können. Scheitern wird, wer in dem Neuen nicht mehr das Alte erkennt, wer nicht sieht, dass das, wo wir herkommen und wo unsere Sexualität herkommt, auch unter gewandelten Bedingungen noch in uns weiterwirkt. Wer andererseits vor den Veränderungen die Augen verschließt oder sie aus moralischen Gründen ablehnt, über den wird die Zeit hinwegrollen. Bevor ich die Fragen, die sich mit der gesellschaftlichen Entwicklung ergeben, weiter verfolge, müssen jedoch noch die Grundlagen der Mann-Frau-Beziehung geklärt werden. Dazu kehre ich noch einmal an den Anfang zurück, sozusagen zu Adam und Eva.

Im Anfang war der Sex – oder:
Das Männliche und das Weibliche

Das Grundverhältnis der Mann-Frau-Beziehung kann man an dem ablesen, was den Mann und die Frau körperlich ausmacht und voneinander unterscheidet, nämlich den Geschlechtsmerkmalen, sowie daran, wie diese ihren natürlichen Zweck erfüllen. Ich lasse daher im Folgenden die Körper für sich sprechen.

Das Männliche

Das Männliche findet seinen körperlichen Ausdruck im Phallus, dem erigierten männlichen Geschlechtsteil. Es wirft ein bedeutsames Licht auf die Haltung zum Männlichen, dass die Bezeichung „Phallussymbol" (etwa für ein Gebäude, ein Kunstwerk oder einen sonstigen Gegenstand) heute abwertend benutzt wird. In allen vorchristlichen Kulturen war dies genau andersherum: Der Phallus wurde als Symbol der Fruchtbarkeit verehrt. Er hatte einen quasi göttlichen Status. Heute gilt er bestenfalls noch als Lustobjekt, ja als Fetisch zur sexuellen Befriedigung. Dieses Schicksal teilt er allerdings mit seinem weiblichen Pendant, was nicht nur die Abwertung des Männlichen, sondern die Entgöttlichung der Sexualität insgesamt deutlich macht.

Wenn man das Bild des Phallus und seiner Funktionsweise auf sich wirken lässt, stechen sofort einige Dinge hervor, die uns zentrale Elemente des Männlichen nahe bringen: Um zum Phallus (und damit fruchtbar und lebensspendend) zu werden, richtet sich der Penis auf, wird groß und hart. Diesen Vorgang kann ein Mann übrigens willentlich nicht steuern, was klarmacht, dass dahinter eine Macht am Werk ist, die größer ist als der Einzelne. Wir können uns ihr verweigern oder hingeben, aber wir können sie nicht unserem Willen unterwerfen. Es ist die Macht des Lebens selbst, und wenn wir uns gegen sie stellen, schneiden wir uns vom Leben ab. Das Aufrichten des Penis ist ein so elementarer körperlicher Vorgang, dass kein Mann ihn ignorieren kann – der Phallus zieht die ganze Aufmerksamkeit auf sich. Das ist aber erst der Anfang. Er wird nämlich hart, um eindringen zu können und die Frau tief im Innern zu berühren. In der Frau stößt er weiter, durchbohrt sie wieder und wieder, bis er schließlich explodiert und seinen Samen herausspritzt. Alle Elemente dieses Vorgangs – Aufrichtung, Härte, Ein- und Durchdringung, Entladung/ Explosion – haben eines gemeinsam: Sie sind „aggressiv".

Das Männliche ist in seiner Grundausrichtung aggressiv und „rücksichtslos" – das heißt, es schaut nach vorn und nicht zurück. Dies ist seine natürliche Anlage, und diese dient seinem natürlichen Zweck: das Leben voranzutreiben. Diese natürliche Aggression ist zwar gewaltig, hat aber nichts mit Zorn oder Wut oder Gewalttätigkeit zu tun. Ebenso wenig bedeutet sie, dass Männer sich grundsätzlich aggressiv verhalten. Dies hängt wesentlich davon ab, wie die jeweilige Kultur diesen natürlichen Impuls aufnimmt und umsetzt – vor allem, ob der (männlichen) Sexualität die ihr zustehende Achtung entgegengebracht wird.

Das Männlich-Aggressive ist nicht gegen jemanden oder gegen etwas gerichtet, sondern geht – dies aber ohne Rücksicht – für etwas. Es ist auch kein Gefühl und hat nichts mit Gefühlen zu tun. Es ist einfach eine vorwärts drängende

Kraft, im Sinne der ursprünglichen lateinischen Wortbe-
deutung von „Aggression" – *aggredi* hieß „voranschreiten",
es war die Grundbewegung des römischen Heeres, das einfach unaufhaltsam voranschritt. Die männliche Aggression
steht im Dienst des Lebens, im Dienst von dessen Grundbewegung des ständigen Weitergehens und Sich-Ausbrei-
tens. Sie ist ein Dienst am Leben.

Dennoch ist das Kriegerische ein Teil des Männlichen
(und des Lebens überhaupt), ob uns das gefällt oder nicht.
Das Männlich-Kriegerische ist nicht auf den Krieg mit
Waffen beschränkt, sondern durchzieht das gesamte Leben.
Alles Leben ist Umwandlung, und jede Umwandlung ist
Schöpfung und Zerstörung zugleich. Dies trifft auch auf die
Beziehung zwischen Männern und Frauen zu. An der
Sexualität ist klar abzulesen, dass auch die Frauen diese
männliche Zerstörung brauchen: Indem der Mann in sie
eindringt und ihr Hymen durchbohrt, „tötet" er die Jung-
frau und erschafft so die Frau.

Die Eroberung, das Eindringen, das Grenzen-Über-
schreiten, das Ausdehnen sind wesentliche Aspekte des
Lebens, ohne sie gäbe es keine Entwicklung. Jede Entwicklung, jede Erweiterung, jede Lösung im Leben, im Materiellen wie im Geistigen, verdankt sich dem männlichen
Prinzip. Es steht ganz allgemein für das Impulsgebende, das
Drängende, das Durchdringende, damit aber auch für das
Schöpferische, das Überwindende, das Transzendente, für
den Geist und den Himmel. Aber der innere Kontakt des
Mannes (und der Frau) mit dem Männlichen geschieht
nicht im Himmel, sondern auf der Erde, und wir erfahren
es nicht im Geist, sondern im Körper, genauer: im Phallus
(Mann) und durch den Phallus (Frau). Die geistige Ebene
öffnet sich ganz nur dem, der – im wörtlichen Sinne –

unten anfängt. Ansonsten hat sie, auch dies kann man wiederum ganz wörtlich nehmen, keinen Saft. Im Phallus ist die männliche Energie auch am ungefährlichsten und am kreativsten, denn dort verbindet sie sich direkt mit dem Weiblichen und wird dadurch in fruchtbare Bahnen gelenkt. Die Gefahr, dass die naturgegebene männliche Aggressivität in Destruktivität umschlägt, ist dort am größten, wo sie für sich allein steht und der Begegnung und Vereinigung mit dem Weiblichen aus dem Weg geht.

Dass die männliche Aggression nicht „böse" ist und nichts mit Wut und ähnlichen Gefühlen zu tun hat, heißt nicht, dass sie nicht bedrohlich sein kann. Sie kann dies sehr wohl sein, und zwar für Männer wie für Frauen – für diese allerdings mehr. Denn das Leben kennt in seinem Vorwärtsdrang keine Rücksicht, es pflanzt sich fort auch um den Preis des (individuellen) Todes. Das Leben selbst ist, aus der Sicht des Einzelnen her betrachtet, schrecklich und gewaltig. Es verliert nur dann seinen Schrecken, wenn wir uns selbst als Lebensbewegung verstehen, wenn wir erkennen, dass wir in dieser Bewegung aufgehoben sind, was auch immer dabei mit uns geschieht. Dazu müssen wir aber über das Ich-Bewusstsein hinauswachsen.

Wenn das Männliche also im Dienst des Lebens steht, so haftet ihm auch eine gewisse Rücksichtslosigkeit gegenüber einem einzelnen Schicksal an. Der Mann ist wie die Frau Teil eines beide übergreifenden Vorgangs, der beide – allerdings auf ganz unterschiedliche Weise – in seinen Dienst nimmt und dabei nicht auf Einzelschicksale schaut. Das Vorwärtsdrängende kann und darf nicht zurückschauen, es darf (in diesem Sinne) keine Rück-sicht nehmen. Sonst verfehlt es seine Aufgabe und verliert seine Kraft.

Das ist natürlich bedrohlich, und man sollte dies nicht

verniedlichen. Die Sexualität wird heute viel zu sehr als reines Lustinstrument betrachtet, mit dem man spielen kann. Das ist sie gewiss auch, und das sexuelle Spiel ist wichtiger Bestandteil einer Beziehung. Eigentlich ist es aber nicht unser Spiel, sondern ein göttliches Spiel. Sich auf diese göttliche Spielebene einzulassen ist das genaue Gegenteil von Spielerei. Für Gott oder die Götter oder den Geist ist nämlich alles Spiel, Geburt und Tod ebenso wie Zeugung und Sex. Hier geht es immer um alles, und wer an diesem göttlichen Spiel teilhaben will, muss bereit sein, alles zu geben und alles zu nehmen. Damit aber wird es für uns ganz und gar ernst. Nur in diesem Ernstnehmen öffnet sich die Ebene des wahren Spiels, des göttlichen Tanzes.

Während die alte „Erfüllung ehelicher Pflichten" die Sexualität abwertete, indem sie den Aspekt der Freude an der gegenseitigen Entdeckung und der Lust, die damit einhergeht, unterdrückte, entgeht uns in der heutigen sexualisierten Zeit die Tiefe, die in der Schöpferkraft der Sexualität enthalten ist. Diese Tiefe hat immer mit Leben und Tod, mit Zerstörung und Zeugung zu tun. Die Sexualität ist nämlich größer als wir, wir sind – wie alles Leben – aus ihr hervorgegangen. Unsere ganze Lebenskraft ist nichts als sexuelle Energie. Mit ihr zu spielen ist ein Spiel mit dem Feuer, es verlangt größten Respekt und große Achtsamkeit, eigentlich sogar Ehrfurcht. Wer sich ihr in dieser Haltung nähert, dem eröffnet sie ungeahnte Tiefen und Freuden und unerwartete Welten. Wenn wir sie nur benutzen wollen, spielt sie mit uns. In diesem Spiel sind wir immer Verlierer.

In einem Kurs bat ich ein junges Paar, sich anzuschauen. An der Körperhaltung der Frau war abzulesen, dass sie etwas zurückhielt. Das Problem der beiden war, dass sie sich zugleich liebten und bis aufs Messer stritten. Vor allem die Frau empfand sich in diesen Streitsituationen als zerstörerisch, auch für sich selbst. Als ich ihre Spannung sah, schlug ich ihr vor, sich an den Mann anzulehnen, den Kopf leicht an seine Schulter zu lehnen. Sie tat dies, aber die Spannung im Unterkörper blieb, innerlich hielt sie Abstand. Ich hatte ein Bild von Tod, ganz diffus, und habe sie gefragt, ob es in ihrer Familiengeschichte etwas mit Tod im Zusammenhang von Mann und Frau gegeben habe. Nein, meinte sie, außer: „Meine Urgroßmutter ist bei der Geburt eines Kindes gestorben."

Ich habe sie dann gebeten, einen Kursteilnehmer als Repräsentant für „das Männliche" aufzustellen und sich selbst ihm in zwei Metern Abstand gegenüberzustellen. Dann habe ich nichts mehr gemacht. Sie hat den Mann (das Männliche) lange angeschaut und sich ihm dann vorsichtig genähert. Der Mann stand da, als ob er zugleich auch den Tod repräsentierte – vollkommen ruhig und gelassen, aber auch ernst, eine überirdische Kraft. Etwa einen halben Meter vor ihm hielt die Frau in ihrer Bewegung inne.

Während sie „das Männliche" anschaute, konnte man sehen, wie viele Gefühle in ihr kämpften. Tränen traten aus ihren Augen, und schließlich tat sie den letzten Schritt in seine Arme. Dort angekommen, weinte sie heftig. Nach einer Weile beruhigte sie sich und löste sich sanft. Sie blickte den Mann noch einmal an, dann ging sie zurück zu ihrem Platz neben ihrem Mann, schaute ihn an, ließ sich an seine Schulter sinken und kuschelte sich in seinen Arm.

In ihrer Familientradition war das Männliche mit Tod und Zerstörung assoziiert. Der Tod der Urgroßmutter war die Folge der Sexualität, die zudem häufig der Triebhaftigkeit der Männer zugeschrieben wurde, da die meisten

Frauen dieser Zeit sich ihrer eigenen sexuellen Bedürfnisse nicht bewusst waren. Die Angst vor der Sexualität und ihren Folgen, die zugleich eine Angst vor dem Männlichen war, übertrug sich auf ihre weiblichen Nachkommen. Im Unterbewusstsein fürchteten sie hinter jedem Mann noch immer den Tod. Die Klientin trug diese Angst unbewusst in ihre Beziehung hinein. Sie ließ ihren Mann nicht wirklich an sich heran, beziehungsweise traute sich nicht, sich ihm ganz hinzugeben. Der Mann hatte ebenfalls ein Problem mit Nähe, er hatte Angst vor Zurückweisung und Verlust. So entwickelte sich ein schmerzhaftes Gezerre, weil beide sich liebten, aber nicht wirklich zueinander finden konnten.

Das Männliche ist kein Spielzeug. Der Phallus ist nicht umsonst ein kriegerisches Symbol, und er begegnet uns nicht von ungefähr in Gestalt vieler Waffen. Der männliche Phallus *ist* eine Waffe. Er richtet sich auf, drängt vorwärts und sagt mit seiner ganzen Gestalt: Ich dringe ein, ich erobere. Er muss eindringen und erobern, sonst verfehlt er seinen Daseinszweck. Einmal in Fahrt, treibt es ihn immer weiter vorwärts – er stößt zu, bis er sich schließlich in einer Explosion entlädt. Etwas übertrieben könnte man also sagen, dass auch bei der menschlichen Fortpflanzung der Krieg der Vater aller Dinge ist.

Bei vielen Tieren zeigt sich dies noch deutlicher als beim Menschen: Wenn die Zeit reif ist, nehmen sich die Männchen einfach das oder die Weibchen, und dies sieht selten liebevoll und auch selten lustvoll aus. Es ist einfach ein roher, aggressiver, notwendiger Naturakt. Und auch in der menschlichen Sexualität sind Zärtlichkeit und all die anderen schönen Dinge nur schmückendes (wenn auch entzückendes) Beiwerk. Die Natur kommt ohne sie aus.

Aber sie kommt nicht ohne die aggressive Kraft des Männlichen aus. Dass die Aggression eine lebensnotwendige Kraft ist, die der gesamten Natur zugrunde liegt, haben wir heute vielfach vergessen. Dass das Wort „Penetration" weithin negativ verstanden wird, zeigt, wie lebensfeindlich manche als modern geltenden Ideologien sind. Penetration = Eindringung ist ein Grundprinzip des Lebens, die männliche Seite des Lebens. Ein Mann, der nicht dazu „steht" und nicht in diesem Sinne „seinen Mann steht", wird ein „Schlappschwanz" genannt.

Das Weibliche

Wenn wir nun von hier aus auf das Weibliche schauen, so zeigt sich, dass es die einzigartige und großartige Fähigkeit hat, die aggressive männliche Kraft aufzunehmen und auf ganz wundersame Weise zu besänftigen und zu verwandeln – in Lust und Leben. Während sich der Penis aufrichtet und hart wird, öffnet sich die Vagina und wird weich und feucht. Sie macht sich bereit, ihn aufzunehmen. Das Weibliche, so viel lehrt schon der erste Blick, ist Öffnung, Weichheit, Fließen und Aufnehmen.

Wenn der Mann der Himmel ist, ist die Frau die Erde. Sie nimmt den Samen in sich auf, in ihrem Innern kann er heranwachsen, bis er reif genug ist, ans Licht zu kommen. Das Weibliche ist das Empfangende, das Haltende, das Bewahrende, das Wandelnde, die Frau lässt das Männliche erst fruchtbar werden, ohne sie ist es nur Potenzial. Sie gibt ihm den Schoß, der es aufnimmt, hält und wärmt. Seine Härte „besiegt" sie durch ihre Weichheit. Dieser Weichheit kann er nicht widerstehen, sie zieht ihn an, denn sie ist seine Bestimmung. Am Ende, wenn er sich in die warme, weiche Erde der Frau ergossen hat, wird auch er weich. Dieses Weichwerden, dieses Loslassen, dieses Verströmen ist seine Bestimmung. Alles, was wir Männer tun, all das Aufrichten, Kämpfen, Erobern ist nur darauf ausgerichtet.

Das Erdige ist auch das Materielle. Das Wort Mutter kommt vom lateinischen mater, und das ist die Wurzel von „Materie". Die Frauenfeindlichkeit der modernen Geist-Religionen, denen es um die Erlösung von der Materie durch den Geist geht, liegt auch darin begründet, dass das Weibliche seinem Wesen nach der Gegenpol des Geistes ist. Es ist erdig und sinnlich und widersteht damit der Vergeistigung. Im Urbild des sexuellen Aktes und der Zeugung zeigt sich jedoch, dass zur Schöpfung beides gehört. Nur in der Erde wird der Geist fruchtbar, nur mit der Frau schafft der Mann neues Leben. Das Geistige allein ist, wie das Männliche allein, völlig impotent. Es taugt nur zur Selbstbefriedigung. Deshalb sind die meisten philosophischen und theologischen Bücher nichts wert. Sie stiften den Leser höchstens zur eigenen – natürlich nur geistigen! – Selbstbefriedigung an, nähren ihn aber nicht und sind nicht schöpferisch.

Das Weibliche kommt zu sich selbst durch die Öffnung zum Männlichen und die Hingabe. Nur in der Öffnung, im Annehmen und Aufnehmen kann die Frau fruchtbar sein, und nur so kann sie auch die spezifisch weibliche Lust und sexuelle Erfüllung erfahren. Dabei entdeckt sie auch ihre einzigartige Kraft und Macht, die ganz anders ist als die Kraft und Macht des Mannes: die Kraft und Macht der Verwandlung. Indem sich die Frau dem eindringenden Mann nicht widersetzt, sondern ihn offen empfängt, wird seine ursprüngliche Aggression verwandelt in reine Kraft, die in der Frau die ihr eigene weibliche Kraft weckt und schließlich in höchstem Verzücken endet.

Der Natur geht es aber nicht um Lust (sie ist für sie nur Mittel zum Zweck), es geht um die Schaffung neuen Lebens. Dies entsteht, indem die Frau die männliche Aggression lenkt und in sich aufnimmt. Dabei verliert sich die Aggression und wird zugleich fruchtbar, für den Mann wie für die Frau. Offenheit und Empfänglichkeit sind die Natur des Weiblichen, ohne sie gibt es kein Leben. Hingabe ist der weibliche Part im Leben (man kann auch sagen: das weibliche Schicksal), Aggression der männliche. Beides wird gebraucht.

Nicht nur die Empfängnis, sondern auch der weibliche Orgasmus ist passiv und implosiv, er setzt die Hingabe, das Weichwerden, das Aufnehmen voraus. Durch das Sich-Öffnen und Sich-Hingeben öffnet die Frau zugleich das Herz des Mannes. Indem er von ihrem Schoß willkommen geheißen wird, ist er bereit, ihr alles zu geben. Tatsächlich ist das die tiefste Erfüllung für den Mann: der Frau alles zu geben. Letztendlich ist alles, was Männer tun, auch das Schrecklichste, darauf gerichtet. Sie wissen es nur nicht. Und der größte Schmerz für den Mann ist es, wenn die Frau dies nicht sieht, wenn sie nicht wahrnimmt, dass er eigentlich alles für sie tut. Um diesen Schmerz zu vermeiden, irrt er blind durch das Leben und durch Beziehungen, ertränkt sich in Arbeit oder Alkohol, mordet und führt Kriege.

Da die männliche Aggression eine Naturkraft ist, die Entwicklung und Fortpflanzung des Lebens erst ermöglicht, ist nichts schädlicher und destruktiver als ihre Verdammung, Verurteilung, Verniedlichung oder sonstige Versuche, sie zu bannen oder zu schwächen. Jede Gegnerschaft führt dazu, dass sie destruktiv wird, jede Schwächung schwächt das Leben selbst. Umgekehrt führt die im Namen der Emanzipation oft propagierte Vermännlichung der Frau, die Übernahme männlichen Verhaltens – auch Sexualverhaltens – dazu, dass Frauen weniger in der Lage sind, das Männliche durch ihre weibliche Fähigkeit der Hingabe und Öffnung zu besänftigen und in wahrhaft fruchtbare Bahnen zu lenken. Das wird noch deutlicher, wenn man sich den Austausch zwischen Männern und Frauen, das Geben und Nehmen, näher anschaut. Auch dazu bleiben wir zunächst bei der Phänomenologie des Geschlechtsaktes.

Der Mann gibt, die Frau nimmt

Beim Mann liegen die wesentlichen Dinge außen, bei der Frau innen. Der Mann (das männliche Geschlechtsorgan) spannt sich, wird hart und dringt ein, die Frau entspannt sich, wird weich und fließend und nimmt auf. Der Mann explodiert, die Frau implodiert. Und vor allem: Der Mann gibt (seinen Samen), die Frau nimmt. Und indem sie nimmt, verwandelt und transformiert sie. Sie verwandelt seine aggressive Kraft durch ihr weiches Aufnehmen in Lust, und sie verwandelt den Samen in neues Leben. Schließlich gibt sie so ein Vielfaches von dem, was sie genommen hat, zurück, aber sie kann nur geben, wenn und was sie vorher genommen hat. Die Frau kann nicht aus sich heraus geben. Für die Frau steht also das Nehmen an erster Stelle.

Frauen müssen nehmen lernen, der Rest erledigt sich von selbst. Nehmen heißt nicht Haben wollen, sich etwas nehmen, etwas fordern, und es ist auch nicht dasselbe wie konsumieren.

Es heißt, bereit sein, sich etwas geben zu lassen und das Gegebene aufzunehmen. Am Grundbild des Nehmens, der Empfängnis, sehen wir, dass das Nehmen, auch wenn es passiv ist, eine schöpferische Handlung ist, aus der etwas wächst, was auch wiederum den Mann bereichert. Wenn eine Frau innerlich in Kontakt geht mit diesem Bild, wird sie ein Gefühl für die Weise des Nehmens bekommen, die die Beziehung bereichert.

Der Mann hingegen kann nur nehmen, wenn und was er vorher gegeben hat. Er kann nicht aus sich heraus nehmen, ohne gegeben zu haben. Was er zu geben hat, muss von der Frau genommen und verwandelt worden sein, ehe er es wieder nehmen kann. Er gibt seinen Samen und bekommt dafür ein Kind.

Männer müssen geben lernen, dann bekommen sie von selbst – und was sie bekommen, ist ein Vielfaches von dem, was sie gegeben haben. Der Mann darf nichts zurückhalten und nicht fragen, was er für sein Geben bekommt. Er adelt die Frau, indem er ihr alles gibt. Mehr noch: Er macht sie durch sein Geben erst zur Frau. Erst in dem Moment, in dem ein Mann in sie eindringt und ihr seinen Samen gibt (und sie ihn nimmt), wird sie zur Frau – sonst bleibt sie, wie es früher so schön sinnfällig hieß, ein „Fräulein".

Daraus ergibt sich noch etwas: Die Frau gibt, indem sie nimmt. Ihr Geben entsteht und besteht im vorbehaltlosen Nehmen. Der Mann bekommt, indem er gibt. Sein Nehmen entsteht und besteht im vorbehaltlosen Geben. Dieses Grundverhältnis hat viele praktische Auswirkungen für eine Beziehung, auf die ich in den Kapiteln „Geben und Nehmen in der Beziehung" und „Ausgleich" näher eingehe.

Männliche und weibliche Kreativität

Die grundlegende Verschiedenheit der Geschlechter zeigt sich auch am Beispiel der Kreativität. Die ursprüngliche menschliche Kreativität und damit auch das Urbild von Kreativität ist die Zeugung von Leben. Wie wir gesehen haben, braucht es dazu beide, Mann und Frau.

Die Frau hat dabei den passiven Part. Sie ist abhängig davon, dass der Mann ihr den Samen gibt (sie kann – vielleicht muss man heute sagen: konnte – ihn sich noch nicht einmal mit Gewalt beschaffen und einverleiben, während der Mann seinen Zeugungszweck sehr wohl gewaltsam durchsetzen kann). Ihre Kreativität kommt also nicht aus ihr selbst, sondern durch den Mann, dadurch, dass sie nimmt, was er ihr gibt.

Der Beitrag des Mannes zur Schöpfung kommt hingegen ganz aus ihm selbst – allerdings reicht das nicht. Ohne den Schoß der Frau vertrocknet sein Beitrag, erst die Frau verwandelt ihn in etwas Neues, Eigenes, Ganzes, Fruchtbares, das dann aus sich heraus wachsen und leben kann. Um es an einem Bild aus der Industrie zu verdeutlichen: Er ist der Rohstofflieferant, das Bergwerk oder der Ölbohrturm, sie ist die Fabrik. Seine Kreativität besteht im Hervorbringen, ihre im Umwandeln.

Wenn wir von dort aus auf die Kreativität in Kunst, Kultur und Wissenschaft schauen, so nimmt es nicht wunder, dass sie von Männern dominiert ist. Mit der Unterdrückung der Frau hat dies nur am Rande zu tun. Frauen sind oder waren zwar auch in dieser Hinsicht benachteiligt, weil sie zum Beispiel nicht die gleichen Bildungschancen hatten wie Männer, aber das ist nur die eine Seite der Medaille. Die andere – wie ich meine: wichtigere – ist, dass die schöpferische, Impuls gebende Kreativität nicht ihrer Natur entspricht.

In der Musik zum Beispiel gibt es durchaus viele hervorragende und berühmte Interpretinnen (Sängerinnen und Instrumentalistinnen), aber so gut wie keine Komponistinnen oder Dirigentinnen. Selbst in der Rock- und Popmusik schreiben und komponieren nur wenige Interpretinnen ihre Lieder selbst, während dies bei Männern fast die Regel ist. Und in der Literatur und Malerei gibt es so gut wie keine wirklich großen Werke von Frauen, obwohl sie sprachlich, handwerklich und musisch begabter sind als Männer und bei der Umsetzung und Nutzung der Kunst eine bedeutende Rolle spielen und es in der Unterhaltungsliteratur ebenso viele weibliche wie männliche Autoren gibt.

Hinzu kommt: Ihre eigentliche Kreativität, Leben in sich wachsen zu lassen und Kinder ins Leben zu begleiten, ist den meisten Frauen immer noch wichtiger. Wenn die Frauen jetzt versuchen, den Männern im gesellschaftlichen Wettbewerb gleich zu werden, verlieren sie ihre Weiblichkeit. Man kann dies übrigens an den Frauen sehen, die in diesem Sinne erfolgreich waren und sind. Die Kreativität der Frau besteht darin, das Männliche zu nehmen und es durch eben dieses Nehmen zu verwandeln. In ihr kommen die Gegensätze, kommen Plus und Minus zusammen, und es entsteht etwas Neues – und zwar entsteht dies, ohne dass sie etwas tut. Sie muss nur bereit sein zu nehmen und durch eben dieses Nehmen den Beitrag des Mannes zu würdigen.

Wenn dies wieder in den Blick käme, könnte sich vielleicht auch für die gesellschaftliche Rolle der Frau eine weibliche Perspektive entwickeln. Diese bestünde weder im Nachahmen noch im Wetteifern oder im Kampf mit den Männern, sondern in der Aufnahme und Umwandlung der männlichen Impulse. Das würde der Gesellschaft ihre Härte nehmen und die Frau Frau bleiben lassen.

In der Beziehung bedeutet dies, dass sie das Männliche, auch in seiner anfänglichen Rohheit, nimmt, anstatt es zu bekämpfen, abzuwerten und zu kastrieren. Dass sie ihrer weiblichen Fähigkeit der Verwandlung durch Hingabe vertraut. Der Sexualakt liefert das Urbild dessen, welche Kräfte zwischen Mann und Frau wirken, welche die spezifisch männlichen und die spezifisch weiblichen sind und welche Kraft sie zusammen entfalten können, wenn jeder seinen Part wahrnimmt.

Ein weiterer wichtiger Aspekt der weiblichen Kreativität ist das Warten. Während der Mann seinen Beitrag nur durch aktives Tun, durch Handeln leisten kann, besteht der Beitrag der Frau im Warten. Zuerst wartet sie, ob sie schwanger geworden ist – sie kann nichts dazu beitragen –, dann wartet sie neun Monate lang auf die Geburt, ohne etwas tun zu können, und auch die Geburt kann sie nicht machen. Im Gegenteil: Jedes eigene Tun gefährdet den Prozess, ihr Beitrag besteht allein im Warten und Geschehen-Lassen, in der Hingabe an den natürlichen Lauf der Dinge. Das ist eine weibliche Urerfahrung, und darin liegt eine einzigartige Fähigkeit und Qualität.

Weibliche und männliche Verletzbarkeit

Mann und Frau sind verschiedenen Risiken und Verletzbarkeiten ausgesetzt, wenn sie sich ihrer jeweiligen geschlechtlichen Natur anvertrauen. Die Risiken sind so unterschiedlich wie die Geschlechter selbst.

Das Risiko der Frau besteht darin, dass sie vergeblich wartet, und im Ausgeliefertsein gegenüber äußerer Gewalt (der Natur oder des Mannes). Zum Beispiel könnte sie übersehen werden, vom Mann gar nicht wahrgenommen und nicht auserwählt (wer noch die Erfahrung alter Tanzstunden gemacht hat, weiß um diese Angst); beim Sex könnte er ihr weh tun, bei der Schwangerschaft oder der Geburt könnte etwas schief gehen, ohne dass sie es beeinflussen kann. Sie kann das Kind verlieren, und im schlimmsten Fall kann sie selbst dabei sterben. Im sexuellen Akt ist sie der potenziellen Gewalttätigkeit des Mannes ausgesetzt, sie ist ihm im Grunde völlig ausgeliefert, und bei der Schwangerschaft und der Geburt ist sie der Macht und Urgewalt dieses Prozesses unterworfen.

Diese Erfahrung haben viele Frauen gemacht, und sie ist im Unterbewusstsein jeder Frau gegenwärtig. Der ganze Prozess, von der ersten Begegnung mit einem Mann bis zur Geburt eines Kindes, ist für die Frau ein Vorgang des Ausgeliefertseins. Auch wenn die Frau heute verhütet, bleibt die Tatsache, dass der Mann in ihren Körper eindringt und etwas in ihr hinterlässt. Daher ist für Frauen der sexuelle Akt tiefer, intimer und folgenreicher als für Männer.

Das Risiko des Mannes besteht darin, abgewiesen zu werden. Auch dies und die Angst davor kennen alle Männer, vor allem die jungen, wenn sie sich einer Frau gegenüber zeigen. Er muss (musste früher) den ersten Schritt machen, und wenn er sich unbeholfen anstellte, wurde er vielleicht ausgelacht, wenn er etwas falsch machte oder auf die Falsche zuging, fing er sich vielleicht eine Ohrfeige oder zumindest eine verbale Abfuhr ein.

Der Mann entblößt sich als erster und ist, obwohl er körperlich der Überlegene ist, gerade durch seine Körperlichkeit sehr verletzbar. Während nämlich die Frau ihre Wünsche und ihr sexuelles Begehren sehr gut verstecken kann, ist beim Mann alles offensichtlich. Jede kann sehen (oder, zum Beispiel beim Tanzen, fühlen), wenn er erregt ist. Seine Lust ist, im Gegensatz zur Frau, von Anfang bis Ende ein offenes Buch.

Die Verletzbarkeit des Mannes betrifft aber nicht seinen Körper (wie bei der Frau), sondern seine Seele. Körperlich kann er sich prima schützen, aber sein Inneres zeigt sich über seinen Körper. Männliche Grobheit, ja sogar Gewalt, ist meistens der Versuch, sich über diese Verletzlichkeit hinwegzusetzen, sie nicht zeigen und auch selbst nicht wahrnehmen zu müssen. Dahinter stecken ebenso schmerzliche Erfahrungen des Ausgeliefertseins (auf einer subtileren Ebene) und vor allem der Zurückweisung, wie bei Frauen.

Beim Mann liegen die Geschlechtsteile außen, bei der Frau innen. Seine Erregung und sein Orgasmus sind offensichtlich, bei ihr ist dies alles verborgen. Das heißt auch: Sie kann täuschen, er nicht. Die Täuschung ist eine wichtige Waffe der Frau. Sie benutzt sie, um Verletzungen zu vermeiden, und kann sie auch als Machtmittel einsetzen. Die männliche Vermeidungsstrategie ist Aggression und/oder Gefühlsverleugnung, die weibliche Täuschung und Verführung. Dabei nutzt die Frau die Macht des Opfers – sie kann nichts dafür, der Aggressor ist der Böse. In Wirklichkeit sind beide gleich böse oder nicht böse – sie nutzen die ihnen zur Verfügung stehenden Mittel, um nicht verletzt zu werden. Dieser körperliche Unterschied der Sichtbarkeit und Unsichtbarkeit wirkt sich auch jenseits der Themen Verletzung und Macht auf das jeweilige Verhalten aus. So sind Frauen grundsätzlich indirekter, verhaltener, geheimnisvoller, unberechenbarer, während Männer direkter, klarer, ausrechenbarer und durchschaubarer sind. Da dies in ihrer geschlechtlichen Natur begründet ist, führt es zu nichts, sich dies gegenseitig vorzuwerfen, zu diskutieren, was besser ist oder sich das jeweils andere anzutrainieren. Es wäre viel sinnvoller, beiden das ihre zu lassen und die darin enthaltenen Ressourcen so zu nutzen, wie die Natur uns ausgestattet hat.

Zurück zur männlichen Angst vor Zurückweisung und seiner Unsicherheit hinsichtlich seines Platzes an der Seite der Frau und in der Familie. Auch auf das, was mit seinem Samen geschieht, hat der Mann keinen Einfluss mehr, wenn er ihn einmal abgeliefert hat. Die Frau kann das Kind zum Beispiel abtreiben, sie kann es, indem sie sich selbst schädigt, schädigen, kann damit weggehen, sie kann sogar sagen, es sei nicht sein Kind oder ihm ein anderes unterschieben (tatsächlich liegt die Zahl untergeschobener Kinder in Europa in der Gegend von zehn Prozent). Auch das sind alles Arten der Abweisung.

Frauen sind oft empört, wenn ein Mann sich ihnen in „eindeutiger Absicht" nähert, sie „anbaggert", etc. Dabei wollen die meisten Frauen „angebaggert" werden. Es muss halt nur der Richtige sein, und vielleicht muss er auch noch den richtigen Ton treffen. Aber vom „Richtigen" lassen sie sich auch manch schrägen Ton gefallen. Aber woher weiß ein Mann, ob er der Richtige ist, ob die Frau auf ihn steht? Gewiss, es gibt kleine Signale, aber viele Frauen verstehen sich meisterhaft darauf, ihre Signale so zu setzen, dass der Mann nicht genau weiß, wo er dran ist. Damit versucht die Frau, das Spiel unter Kontrolle zu halten. Aber diese Ebene des Spiels sollte man möglichst bald hinter sich lassen. Es ist nämlich destruktiv, es ist ein subtiles Machtspiel, das die Beziehung früher oder später belastet.

Aber ob er es nun wissen kann oder nicht: Genau betrachtet ist jede männliche Annäherung an eine Frau eine Würdigung des Weiblichen in ihr. Auch und gerade dann, wenn er „nur das Eine" will. Er erkennt, wie es in der Bibel heißt, die Frau in ihr. Dafür könnte die Frau ihm dankbar sein – und ihm dann, sofern er (oder seine Form der Annäherung) ihr nicht passt, sagen, dass sie es schätzt, dass er sie gewählt hat, dass sie aber nicht möchte. Das kann man sehr klar und ebenso freundlich machen. Welche Änderung im Klima zwischen Männern und Frauen würde eintreten, wenn die Frauen eine männliche „Anmache" nicht als unfreundlichen Akt, sondern als Würdigung ihrer Weiblichkeit ansehen und würdigen würden?! Jeder Mann könnte eine so ausgesprochene Ablehnung gut verkraften. Er wäre sicher enttäuscht, vielleicht auch traurig, aber er würde bei weiteren Versuchen den Frauen mit mehr Achtung entgegentreten. Wenn er aber mit Empörung zurückgewiesen wird, wird er sich mit der Zeit immer cooler geben oder raffinierter vorgehen und so wenig wie möglich von seiner Verletzlichkeit, seiner Bedürftigkeit und seinen wahren Gefühlen zeigen – er wird ein „typischer Macker" oder ein penetranter Schleimer werden.

Ich will hier nicht die Männer verteidigen – wenn sie unsensibel, gefühllos, aufdringlich etc. sind, ist das ihre eigene Verantwortung, und sie sollten sich ihrer Verletzlichkeit ebenso stellen wie die Frauen. Aber Frauen haben in Beziehungsfragen in den letzten vierzig Jahren eine Meinungsführerschaft errungen, die nicht selten dazu beiträgt, dass die Fronten zwischen den Geschlechtern härter werden anstatt aufzuweichen, oder die Fehler nur bei den Männern sieht.

Da Männer eher agieren und Frauen eher reagieren, da beim Mann alles sichtbarer ist als bei der Frau, wird ihm oft die Schuld angelastet, während die subtileren Verletzungen durch Frauen nicht gesehen werden. Sicher gehen viele Männer grob und respektlos auf Frauen zu, aber Frauen sind sich der männlichen Verletzlichkeit oft nicht bewusst und reagieren sehr scharf und verletzend. Im Falle einer sexuellen Annäherung durch einen Mann wäre es ganz einfach, wenn die Frauen dies, wie oben beschrieben, würdigen würden, ob sie nun darauf eingehen wollen oder nicht. Ich bin sicher, die meisten Frauen würden sehr viel vermissen, wenn die Männer sie nicht mehr „anmachen" würden.

Auch in vielen Ehen oder festen Beziehungen sehen Frauen es als ihr Recht an, eine sexuelle Annäherung des Mannes abzuweisen. Zu Recht! Niemand ist eines anderen Besitz oder muss ihm zu Diensten sein oder Lust haben, wenn er Lust hat. Aber in ebenso vielen Beziehungen brennt der Baum lichterloh, wenn eine Frau Sex möchte und der Mann hat keine Lust und sagt nein.

Gleichberechtigung hat auch eine Rückseite. Männer haben genauso ein Recht auf ihren Körper und ihre Bedürfnisse wie Frauen, und genau wie diese dürfen sie auch nein sagen, wenn sie keine Lust haben. Dass der Mann nicht mehr so will oder kann wie früher, ist ein seit einigen Jahren immer häufiger auftauchendes Thema in einschlägigen Illustrierten und Frauenzeitschriften. Aber wenn man ihn erst entmannt, aus ihm einen braven Haushaltsgehilfen macht, der im Sitzen zu pinkeln hat, und ihm bei unerwünschter Annäherung „Sexist" entgegenschleudert, darf man sich nicht wundern.

Große Männer – Große Frauen

Viele Frauen möchten ihre Männer gerne „männlicher" haben, denn männliche Männer sind attraktiver; zugleich würden sie ihnen das eine oder andere männliche Verhalten aber gerne aberziehen (und tun dies auch nicht ohne Erfolg), denn männliche Männer sind nicht pflegeleicht. Ein Hausmann für tagsüber und ein Mann für die Nacht – das wäre die Ideallösung. Es gibt natürlich auch das männliche Pendant: eine brave Hausfrau und Mutter für den Tag und eine Hure für die Nacht.

In diesen heimlichen Traumbildern liegt etwas Wichtiges verborgen: Die wirkliche Frau und der wirkliche Mann machen Angst. Sie/er fordert nämlich heraus. Wenn man sich ihr/ihm stellt, stellt man sich der Naturkraft des Weiblichen und des Männlichen – im anderen wie in sich selbst. Das ist unbequem und umso beängstigender, je mehr wir uns von unserer eigenen Natur entfernen. Um die Konfrontation mit sich selbst und mögliche Verletzungen zu vermeiden, greift man den anderen an oder versucht, ihn klein zu machen. Aber nur große Männer können Frauen begeistern und beglücken, und nur große Frauen können Männer glücklich machen. Es wäre für beide Seiten also viel besser, den anderen in seiner Größe zu sehen und diese Größe als Anstoß und Herausforderung zu nehmen, selbst zu seiner höchstmöglichen Größe zu wachsen. Wenn ich als Mann die Größe der Frau und des Weiblichen anerkenne, bleibt mir, wenn ich ein bisschen Mumm im Leib habe, gar nichts anderes übrig, als mich meiner eigenen, männlichen Größe zuzuwenden. Dies gilt zumindest dann, wenn ich mit einer Frau eine Beziehung auf Augenhöhe haben will. Und umgekehrt, für die Frau, ist es natürlich genauso.

Auch sie wird viel mehr wachsen in ihrer Weiblichkeit, wenn sie die Größe des Männlichen anerkennt.

Beide, Mann wie Frau, haben ein spezifisches Risiko, wenn sie sich dem natürlichen Prozess überlassen. Jeder hat seinen spezifischen Beitrag, seine besondere Art der Kreativität und sein je eigenes Risiko. Sie kommen zu sich selbst und zu ihrer Kreativität, indem sie dem zustimmen.

Sie sind sich gleich in ihrer Verschiedenheit, und ihre Verbindung wirkt schöpferisch, weil sie unterschiedlich sind – und zwar nicht ein bisschen, sondern ganz und gar verschieden. Wenn die Unterschiedlichkeit abgewertet, missachtet oder verwischt wird, verlieren beide, wenn sie gewürdigt und gepflegt wird, gewinnen alle. Die Frage ist, wie die Partner in einer Beziehung die Kraft aufbringen, diese Unterschiedlichkeit auszuhalten, zu würdigen und vielleicht sogar zu fördern – und zwar bei sich selbst wie beim Partner. Diese Frage führt uns zu unseren Eltern, und zwar die Frau zur Mutter und den Mann zum Vater.

Das Männliche kommt durch den Vater

Ich kann den anderen nur achten, wenn und so weit ich mich selbst achte. Ich kann das Eigene, das Besondere des anderen nur achten, wenn ich auch mein Eigenes achte. Ich kann den anderen auch nur lieben, wenn ich mich selbst liebe. Ich kann als Mann das Weibliche und die Frau nur achten und lieben, wenn ich das Männliche und den Mann in mir achte und liebe. Und als Frau kann ich das Männliche nur achten und lieben, wenn ich das Weibliche und die Frau in mir achte, würdige und liebe. Und ich kann von meinem Partner nur das erwarten, was ich selbst zu geben bereit bin – und zwar ihm wie mir selbst. Jede Beziehung, jeder tiefere Beziehungskonflikt wirft uns letztlich auf uns selbst zurück, konfrontiert uns mit der Frage: Stimme ich mir selbst zu, wie ich bin? Mag ich mich, liebe ich mich, wie ich bin?

Wir erwarten dies vom Partner: dass er uns liebt, wie wir sind, uns zustimmt, wie wir sind, uns achtet, wie wir sind. Wie kann er das, wie können wir so etwas erwarten, wenn wir es uns selbst nicht geben? Frauen erwarten vom Mann, dass er das Weibliche achtet. Wie kann er das, wenn sie es selbst nicht schätzen, es vielleicht sogar verachten? Man sage nicht, dies sei nicht der Fall – es ist die Regel! Frauen, die die Tiefe und Größe des Weiblichen sehen und ihr zustimmen, sind sehr, sehr selten. Die meisten haben Angst davor, es auch nur anzuschauen, denn dann müssten sie ihr Leben radikal ändern. Das Gleiche gilt für die Männer: Wie können Männer erwarten, dass die Frauen sie achten, wenn sie selbst das Männliche nicht mehr schätzen und es nicht mehr wagen, Männer zu sein?

Was ist aber ein „richtiger Mann"? Gibt es überhaupt noch Männer, seit der letzte Häuptling der Apachen in die ewigen Jagdgründe umgezogen ist? Machen wir es kurz: Ein richtiger Mann ist einer, der sich selbst zustimmt, wie er ist und seiner Männlichkeit, wie sie ist. Das ist alles. Alle Männerbilder, alle Männlichkeitsideale sind nicht nur zeit- und modebedingt, sie führen einen auch weg vom Eigenen. Nicht einmal der eigene Vater taugt als Vorbild, denn jedes Vor-Bild stellt sich als Bild vor die eigene Männlichkeit und lässt einen nicht zu sich selbst kommen. Mein Vater ist allerdings der Mensch, von dem meine Männlichkeit stammt, er hat sie an mich weitergegeben. Seine Männlichkeit war nicht nur das erste Männerbild, das mir begegnet ist und mich daher als Vorbild mitgeprägt hat, sondern er ist als Mann in mir drin. Der erste und wichtigste Schritt zur eigenen Männlichkeit besteht daher darin, seinen Vater zu nehmen – das heißt, ihm zuzustimmen, wie er ist, und ganz ja zu sagen dazu, dass man sein Sohn ist.

Beim Familienstellen gibt es ein schönes Ritual, dass dies sinnfällig macht: die Männerreihe oder die männliche Ahnenreihe. Man stellt einem Mann seine Väter – den eigenen Vater, dessen Vater, dessen Vater, und so weiter, in den Rücken. Oder den Vater, beide Großväter, die vier Urgroßväter, etc. Wenn ein Mann sich diesen männlichen Vorfahren zuwendet und ihnen zustimmt, wie sie sind, beginnt er buchstäblich zu wachsen. Er strahlt eine große Würde und Kraft aus, und zwar eine bestimmte, aber ruhige, gelassene, fast sanfte Kraft. Eine Kraft, die aus dem Einklang mit sich selbst kommt. Die zweite Bewegung findet bei den Frauen statt, die eine solche Aufstellung beobachten: Sie bekommen leuchtende Gesichter. Ausnahmslos berichten sie, dass der Anblick dieser Männerreihe ihr Interesse für diese weckt und ihr Herz erwärmt.

Die Männer, die dort stehen, sind ganz gewöhnlich. Gewöhnlich klein oder groß, dick oder dünn, kräftig oder schmächtig, hart oder weich. Sie mögen mutig oder feige gewesen sein, Ehrenmänner oder Verbrecher, Helden oder Verräter, es spielt keine Rolle. Es hat nichts mit dem Typ zu tun, nichts mit einer bestimmten Art von Männlichkeit. Es hat mit der Kraft zu tun, die durch alle fließt und sich durch alle – in ganz unterschiedlicher Form – ausdrückt, und vor allem mit der Zustimmung zu dieser Kraft. Man kann in einer solchen Aufstellung tatsächlich spüren, wie die Kraft des Männlichen durch all die Männer hindurchströmt. Indem man sie nimmt, wie sie ist, wird einem die reine männliche Kraft zuteil. Da sie durch die Väter weitergegeben wird, heißt dies, dass man die Väter so nehmen muss, wie sie sind. Dann ist man ganz Mann. Der Einklang mit dem Männlichen kommt für den Mann aus der Zustimmung zum Vater, ganz unabhängig davon, was der für ein Mensch war, wie er sich verhalten hat, ob er ein starker oder schwacher Mann war. Aus der Zustimmung kommt die Kraft.

Dazu muss ein Mann sich aber der Mutter entziehen, vor allem dann, wenn diese die Männlichkeit des Vaters abgelehnt hat und dem Jungen heimlich signalisiert hat, er dürfe nicht so werden wie sein Vater – dann muss der Sohn sich bewusst an die Seite des Vaters stellen und der Mutter zumuten, dass er ein Mann ist wie dieser und so sein darf wie dieser. Das ist ein schwerer Weg, denn die meisten von uns sind Muttersöhne. Die einen vielleicht mehr und die anderen vielleicht weniger, aber die meisten hat die Mutter in ihren Bannkreis gezogen. Im Sohn kann die Frau nämlich das Männliche auf eine für sie gefahrlose Art lieben. Söhne sind nicht grob, tun ihr nicht weh, wollen nicht „das Eine“ von ihr – der Sex und die ganzen Risiken, die damit für die Frau verbunden sind, bleiben außen vor.

Daher nehmen Söhne im Herzen der Mütter oft einen ganz besonderen Platz ein – den des Mannes (das ist übrigens das weibliche Pendant zum sexuellen Missbrauch der Tochter durch den Vater, nur dass der Mutter-Sohn-Inzest zwar sexuell gefärbt sein kann, aber generell eher emotional ist, während der zwischen Vater und Tochter explizit sexuell ist).

Der Sohn kommt damit in eine besondere Position – er fühlt sich dem Vater heimlich ebenbürtig oder gar überlegen. Hinzu kommt, dass die Präsenz des Mannes in den

45

meisten Familien unterentwickelt ist. Mit Präsenz meine ich nicht nur die Zeit seiner Anwesenheit. Ein Mann kann auch dann eine hohe Präsenz in seiner Familie haben, wenn er die Woche über kaum zu Hause ist. Es hängt zum größten Teil davon ab, ob die Frau ihn als ihren Mann und den Vater der Kinder achtet. Denn die Frau ist das Gravitationszentrum der Familie, ihr Verhältnis zum Mann bestimmt entscheidend dessen Position.

Für den Sohn, der (teilweise) in die Position seines Vaters kommt, ist dies sehr verführerisch: Er fühlt sich größer, als er ist, denn er hat bei Mama einen besonderen Platz. Das hat viele Facetten und Konsequenzen, ich will hier nur die wichtigste erwähnen: Damit entgeht ihm ein entscheidendes Stück Männlichkeit – er erlebt sein Mannsein immer durch die Brille der Frau. Solange er nicht innerlich zum Vater geht, wird er es nicht aus sich heraus kennenlernen. Er braucht die Bestätigung der Frau, dass er ein Mann ist. Das ist eine ungesunde Abhängigkeit, eine Abhängigkeit mit Suchtcharakter.

Was dabei herauskommt, konnte ich kürzlich im Flugzeug bestaunen. Die Stewardess hatte mir eine Zeitschrift angeboten, *Men's Health*. Schon der Titel zeigt den Identitätsverlust: „Die Gesundheit der Männer". Eine solche Zeitschrift würde natürlich niemand kaufen, also gibt man dem Kind einen amerikanischen Namen. Und worum geht es? Um – noch ein Amerikanismus – „Fitness" zum Zwecke der weiblichen Lustbefriedigung. Alles dreht sich um Sex, aber um eine ganz bestimmte, moderne Art von Sex. Die Muttersöhne haben das Kommando: Was kann und soll und muss Mann alles tun (Stichwort: *workouts*), um einen perfekten Körper zu bekommen und Frau mit diesem Körper befriedigen zu können? Wie letzteres am besten geht, lassen sich die jungen Herren von weiblichen Gastautorinnen einflüstern. Dahinter steckt der innere Zwang aller Muttersöhne: Wie kann ich Mama glücklich machen? Mit Männlichkeit und männlicher Gesundheit hat dies nichts zu tun. Mit gutem Sex übrigens auch nicht, der braucht nämlich Männer, die nicht danach schielen, was Frauen wollen, sondern fähig sind, sich der eigenen Sexualität hinzugeben und dabei zugleich in Kontakt mit der Frau zu bleiben.

Die Männer sind dabei, zu Trotteln und weiblichen Spielzeugen zu werden. Vor einigen Jahren habe ich in der Wochenendbeilage des *Kölner Stadtanzeiger* ein eindrucksvolles Feature über die „systematische Vertrottelung des Mannes in Frauenzeitschriften, Filmen oder Werbespots" gelesen (geschrieben von einer Frau). Männer werden demzufolge fast nur noch als „unsensible Idioten" oder als „Lustobjekte" dargestellt.

Dies ist nicht nur aus männlicher Sicht bedauerlich (aus weiblicher übrigens auf längere Sicht vielleicht noch bedauerlicher), sondern in mehrfacher Hinsicht sehr gefährlich. Es könnte dazu führen, dass sich die naturgegebene männliche Aggressivität gewalttätig entlädt. Das kann ganz unbewusst und hinter aller Rücken geschehen und tut dies vielleicht schon. Vielleicht geht die Suche nach den Ursachen für die zunehmende Gewalt junger Männer in eine ganz falsche Richtung, vielleicht schießt sich in verrückten Gewaltakten junger Männer eine verzweifelte, verkrüppelte Männlichkeit ihre Bahn. Und es ist auch in anderer Weise gefährlich: Wenn die männliche Kraft entwertet wird und verloren geht, geht die Gesellschaft ein. Es mag sein, dass dies, wie die Autorin mutmaßt, eine Folge des Feminismus ist. Mindestens ebenso sehr dürfte es aber auch eine Folge der Dominanz der Frau in der Familie und den Erziehungsinstitutionen sein. Bis zum Ende der Grundschule begegnet ein Junge dort ja kaum einem erwachsenen männlichen Geschlechtsgenossen – und wenn doch, ist es meistens einer, der vor den Frauen kuscht. Das ändert jedoch nichts daran, dass die Männer selbst schuld sind, wenn sie so mit sich umgehen lassen. Es liegt ganz allein an ihnen, ob sie sich zu sich selbst und ihrer Männlichkeit bekennen – mit dem oder ohne den Beifall der Frauen. Dazu müssen sie innerlich den Weg zum Vater gehen.

Der innere Weg von der Mutter zum Vater und, allgemein, zu den Männern wurde früher in den Initiationsritualen vollzogen. Heute muss ihn jeder Mann allein gehen. Vor allem Frauen können ihm dabei nicht helfen! Es ist kein leichter Weg – nicht nur für die, deren Vater selbst schwach, in seiner Männlichkeit verkrüppelt, vielleicht durch Krieg und Gewalt traumatisiert, vielleicht sogar verbrecherisch war. Auch für alle anderen erfordert der Schritt aus dem Bannkreis der Mutter den ganzen Mann. Bei der Mutter kann ein Mann immer klein, immer Kind, immer ein Junge bleiben, beim Vater muss er erwachsen werden.

Künstliche Initiationsrituale, wie sie in Selbsterfahrungsgruppen oft angeboten werden, helfen dabei kaum. Sie sind kulturell nicht mehr eingebunden, ihnen entspricht keine kulturelle Realität. Daher können sie keine männliche Identität mehr stiften. Alles, was man dort an Männlichem erfahren mag, ist quasi geliehen. Es fühlt sich gut an, bleibt aber nicht. Nachhaltig stärkend ist nur der Weg zum Vater. Diesen inneren Weg kann man jederzeit gehen, auch dann noch, wenn der Vater schon lange tot ist. Er ist für jeden Mann wichtig.

Das Weibliche kommt durch die Mutter

Für Frauen gilt das Gleiche. Heute ziehen viele Frauen ihr Selbstbewusstsein aus dem Kampf gegen das Männliche oder aus ihrer Durchsetzungsfähigkeit in männlichen Domänen. Das ist ein aufgesetztes Selbstbewusstsein, es hat innerlich keine Kraft, ist innerlich hohl. Dies vor allem dann, wenn damit eine (offene oder heimliche) Abwertung des Weiblichen, wie es durch die Mutter gelebt und repräsentiert wurde, einhergeht.

In der modernen weiblichen Außendarstellung gibt es einen merkwürdigen Widerspruch: Das Weibliche, die „Große Mutter", die „Göttin" – mit einem Wort: das Ideal – wird vergöttert, aber die konkrete Frau, die Mutter, die sich, anstatt berufstätig zu sein und die Kinder anderen zur Erziehung zu überlassen, selbst um ihre Kinder kümmert und „nur" Hausfrau ist, wird allenfalls mitleidig belächelt und oft genug heimlich verachtet.

Ebenso die eigene Mutter, die aus Fleisch und Blut. Sie wird hingenommen, vielleicht auch ob ihres bedauerlichen weiblichen Schicksals bemitleidet, aber sie wird nicht genommen. Die moderne Frau fühlt sich als die bessere Frau, der Mutter überlegen – und damit schneidet sie sich von ihrer Weiblichkeit ab.

Das kommt zum Vorschein, wenn man der Mutter in die Augen schaut und ihr sagt: „Mama, ich bin besser als du." Man kann dies als inneren Vorgang, in der gesammelten Vorstellung machen, oder aber im Rahmen einer Aufstellung, wenn man eine Frau für die Mutter aufstellt und sie als die Mutter anschaut.

Wenn man der Mutter mit diesem Satz in die Augen schaut, hält niemand diesen Anspruch „Ich bin besser" durch. Es wird vollkommen klar, dass er illusionär ist und die Tochter von der Mutter trennt. Anstatt dass die Tochter mit diesem Anspruch stark wird, bleibt sie ein trotziges Kind. Erst wenn sie sich der Überlegenheit der Mutter beugt, sich vor ihr verneigt, kommt sie wirklich zu ihrer Stärke als Frau. Dann braucht sie übrigens auch nicht mehr für andere Frauen und deren Rechte zu kämpfen, das sind nämlich alles Kämpfe um und für die Mutter. Wer die Mutter nimmt, hat solchen Unfug nicht mehr nötig.

Eine richtige, eine starke Frau ist eine Frau, die sich selbst und ihrer Weiblichkeit zustimmt. Nicht als etwas Besonderes, als etwas, worauf man stolz sein dürfte – also als ob dies besser wäre, als ein Mann zu sein. Man ist einfach einverstanden damit. Dieses Einverständnis mit der eigenen Weiblichkeit entsteht und wächst in dem Maße, in dem eine Frau ihrer Mutter zustimmt, wie sie ist. Alles Weibliche kommt durch die Mutter, kein Weg führt um sie herum. Es geht dabei nicht darum, einem bestimmten Frauenbild zu entsprechen. Solche Bilder wandeln sich ständig. Alle Vor-Bilder entfernen einen von sich selbst. Auch die Mutter oder die Großmutter wirken als Vorbild nicht stärkend, auch sie lassen einen, wenn man sie als Vorbild vor sich her trägt oder zu erreichen sucht, nicht zu sich selbst kommen. Aber durch ihre weiblichen Vorfahren, vor allem durch die Mutter, hat jede Frau das Weibliche bekommen, und sie ist ihnen allen in ihrem Schicksal verbunden. Indem sie ihnen zustimmt, wie sie sind, und ihren Erfahrungen, ihrem jeweiligen Leben und Schicksal so zustimmt, wie es war, stimmt sie sich selbst als Frau zu.

Dem Muttersohn entspricht die Vatertochter. Die schönsten, bezauberndsten, verführerischsten Frauen sind Vatertöchter. Sie haben halt schon früh gelernt, wie man Papa um den Finger wickelt. Auch der Mann kann in der Tochter das Weibliche gefahrloser lieben als in der erwachsenen Frau. Das kann ganz unschuldig und harmlos sein (und ist es in den meisten Fällen auch), enthält aber oft auch eine erotische Komponente. Sexuell missbrauchte Töchter sind aber meist keine typischen Vatertöchter, sie haben nämlich den Vater verloren. Durch den Inzest ist er zum Geschlechtspartner geworden, was das Vater-Kind-Verhältnis beendet. Die typische Vatertochter hat zu ihrem Vater ein eher spielerisch-erotisches Verhältnis, oder das Erotische ist von einem der beiden unterdrückt worden.

Meistens zieht der Vater sich von der Tochter zurück, wenn er eine erotische Komponente in der Vater-Tochter-Beziehung wahrnimmt. Das hat aber auf viele Töchter eine ähnliche Wirkung wie der vollzogene Inzest: Sie begehren heimlich den Platz an der Seite des Vaters, fühlen sich von ihm abgewiesen und sind ihm böse. Das heißt nicht, dass sie explizit den sexuellen Kontakt mit ihm wollen – das Kind ist sich des Sexuellen meist nicht bewusst; gerade deshalb versteht es die Reaktion des Vaters nicht, fühlt sich zurückgewiesen und begehrt ihn umso mehr.

Für die Beziehungsfähigkeit der Töchter hat die besondere Stellung beim Vater ähnliche Folgen wie bei den Söhnen: Sie bleiben ewig die Geliebte. Sie sind zunächst attraktiv für die Männer, sie kennen das Spiel, aber sie sind sich ihrer Weiblichkeit nicht gewiss. Sie brauchen die Bestätigung des Mannes, dass sie Frau sind – manche immer und immer wieder, vielleicht auch durch viele Männer. Es ist wie eine Sucht, die nie erfüllt wird, denn kein Mann kann ihnen diese Gewissheit geben. Sie entsteht, wenn die Frau sich ihrer Mutter zuwendet.

Ich möchte dies an einem Beispiel aus einer Aufstellung

illustrieren. Eine sehr attraktive Frau mit einem ausgepräg-
ten „Weibchen-Ausdruck" (von den Hüftbewegungen über
den Augenaufschlag bis zur Stimme und einem mädchenhaften Lachen) wollte eine Aufstellung zu ihrer Sexualität.
Dem oberflächlichen männlichen Betrachter musste sie als
begehrenswerte Bettgenossin erscheinen, sie selbst fühlte
sich aber sehr unsicher und schüchtern. In der Aufstellung
standen Vertreterinnen für sie selbst, ihre Mutter und „die
weibliche Sexualität". Da ich früher schon einmal an ihrem
Vaterthema gearbeitet hatte, habe ich den Vater nicht auf-
gestellt. Es zeigte sich aber deutlich, warum es sie immer
zum Vater gezogen hatte: Ihre Mutter hatte nämlich Angst
vor der weiblichen Sexualität. Was soll ein kleines Mädchen machen, wenn es das spürt? Wie soll sie lernen, sich
als Frau zu fühlen, wie ihre Weiblichkeit erfahren? Indem
sie ihre Wirkung auf den Vater entdeckt und bei ihm das
Frausein spielerisch erkundet. Das Problem ist, dass dies
immer ein Spiel bleibt, dass sie beim Vater (sofern dieser
nicht die Grenze überschreitet) immer das kleine Mädchen
bleibt. Und so geht sie dann auch ihre späteren Männer-
beziehungen an: als kleines Mädchen. Und sie bleibt ein
Mädchen und wird nie zur Frau, wenn sie sich nicht auf
den inneren Weg zu ihrer Mutter macht.

Dieser Weg, das zeigte auch diese Aufstellung, ist schwer.
Denn es scheint, als müsste man, indem man der Mutter
nahe kommt, ihr ganz zustimmt und sie ganz nimmt, auch
deren sexuellen Ängste, Vorbehalte und moralischen Vorstellungen mitnehmen. Das ist aber nur die Angst, die
Wirklichkeit sieht anders aus. Indem man die Mutter in
sein Herz nimmt, wird man innerlich frei von ihr. Die
Mutter kann dann sein und bleiben, wie sie ist, und genau
deshalb bekommt man selbst von seinem Gewissen die

Erlaubnis, ebenfalls zu sein, wie man ist. Die Mutter macht dann für die Tochter den Weg zu einer vollen Weiblichkeit frei, der sie sich selbst verweigert hat.

In der Aufstellung war es so, dass die Vertreterin der weiblichen Sexualität zunächst nur auf die Mutter schaute (die sich dabei sehr unwohl fühlte) und die Tochter keines Blickes würdigte. Das änderte sich, als sich die Tochter langsam der Mutter näherte. Die weibliche Sexualität trat einen Schritt beiseite, und als die Klientin ganz bei ihrer Mutter angekommen war und sich wie ein Kind in ihre Arme gelegt hatte, ging sie auf die beiden zu und umarmte sie freundlich. Nachdem sie sich voneinander gelöst hatten, zog sich die Mutter zurück, und die Klientin und die weibliche Sexualität schauten sich lange an und umarmten sich schließlich. Die Mutter freute sich, dass ihre Tochter jetzt die Sexualität auf eine Weise nehmen konnte, die ihr selbst nicht möglich gewesen war. Wenn eine Frau ihrer Mutter (und den früheren weiblichen Vorfahren) ganz zustimmt, beginnt die Liebe zu fließen. Die Liebe zu diesen Frauen, zu ihrem jeweils besonderen Schicksal, und zu ihrem Frausein – auch mit all den schrecklichen Erfahrungen, die damit vielleicht verbunden waren. In der Zustimmung fühlt man sich ihnen als Frau verbunden und kommt damit in Einklang mit der eigenen Weiblichkeit.

Dann kann sie auch einem Mann ganz zur Frau werden und die Rolle der mädchenhaften Geliebten aufgeben. Die Geliebte ist nämlich das Kind, das sich zwischen Vater und Mutter drängt, aber diesen Platz nie ganz einnehmen kann. Wenn die Frau also zur Tochter wird, zum Kind ihrer Mutter wie ihres Vaters, kann sie dieses Kind bei den Eltern zurücklassen und als erwachsene Frau die Frau eines Mannes sein.

Das Weibliche im Mann, das Männliche in der Frau

Kein Mann ist nur männlich, keine Frau ist nur weiblich. Wir stammen alle von einem Mann und einer Frau ab, und wir haben alle, in mehr oder weniger starker Ausprägung, Anteile des anderen Geschlechts in uns. Sich selbst anzunehmen, wie man ist, bedeutet daher auch, den gegengeschlechtlichen Teil in sich zu nehmen.

Ich habe schon gesagt, dass das Männliche und das Weibliche keine Ideale sind, die es anzustreben gilt. Man ist einfach das, was man ist, ein Mann oder eine Frau. Der Anteil derjenigen, die (körperlich) weder das eine noch das andere oder beides sind, ist verschwindend gering. Häufiger sind schon Frauen, die sich in einem weiblichen Körper seelisch nicht zu Hause fühlen oder Männer, die lieber Frauen wären. Dem liegen aber in den meisten Fällen seelische Verstrickungen zugrunde, zum Beispiel die unbewusste innere Identifizierung mit einer gegengeschlechtlichen Person aus der eigenen Familie (einem Ahnen, einem verstorbenen Geschwister, einem ungeborenen Zwilling). Aber auch das sind insgesamt nur wenige Fälle, in der Regel ist das Geschlecht klar, und der Körper zeigt es an. Der Mann ist die Inkarnation (das heißt: Fleischwerdung) des männlichen, die Frau die Verkörperung des weiblichen Prinzips. Beim Mann ist das Männliche das Dominante, das, was ihn letztlich ausmacht, bei der Frau das Weibliche.

In den letzten Jahrzehnten ist es in manchen Kreisen Mode geworden, sich als Frau mit dem „inneren Mann" und als Mann mit der „inneren Frau" zu befassen. Damit geht die Vorstellung einher, dass man dann ganzer würde, indem ein Mann auch seine weiblichen Qualitäten entwickelt und eine Frau ihre männlichen. Das ist ein Irrtum.

Männer, die die „innere Frau" betonen und nähren, verlieren ihre Männlichkeit und werden dennoch keine Frauen. Sie werden vielmehr unzuverlässig, unberechenbar, heimlich aggressiv. Sie stehen nämlich nicht zu dem, was sie sind. Umgekehrt werden Frauen, die den „inneren Mann" entwickeln, trotzdem keine Männer. Sie verlieren aber das meiste von dem, was eine Frau ausmacht und im Innern auch glücklich macht. Mit dem Versuch, das andere Geschlecht in einem selbst zu entdecken, zu stärken und zu nähren, wird man insgesamt weniger.

Wenn man sich hingegen ganz auf das eigene Geschlecht einlässt, ihm ganz zustimmt, wird auch der gegengeschlechtliche Anteil in einem genährt. Die eigene Geschlechtlichkeit erfüllt sich ja in der Begegnung und im Austausch mit dem anderen Geschlecht, und dabei wird man davon auch gefüllt.

Ein Mann, der sich ganz seiner Männlichkeit hingibt, lernt auf diesem (männlichen) Weg das Weibliche (durch die Frau) kennen, lieben und achten. Denn die Frau gibt ihm ja erst die Gelegenheit, sich ganz als Mann zu erfahren, und sie gibt ihm diese, indem sie ihm das Weibliche schenkt und offenbart. Dadurch werden auch die weiblichen Anteile in ihm genährt – ohne dass er eine Frau wird, ohne dass es seiner Männlichkeit etwas nimmt. Im Gegenteil: Es fügt ihr etwas hinzu. Er wird weicher, runder, empfänglicher und kann in sein Herz gehen, ohne zu riskieren, etwas von seiner Männlichkeit zu verlieren. Da er sich seiner Männlichkeit ganz sicher ist, kann er es sich auch erlauben, weich zu sein. Durch den Austausch wächst beides: das Männliche wie das Weibliche. Dies geschieht nicht, wenn ein Mann gezielt seine weibliche Seite entwickeln will. Dann verkümmert das Männliche in ihm, und es wird ihm heimlich einen Streich spielen, es setzt sich heimlich durch. Es ist nämlich immer gefährdet, es ist bei diesem Kerl nicht sicher und betrachtet die weibliche Seite im Innern als Konkurrenz, die ihm seinen Platz wegnimmt. Daher wird sich hinter der sanften äußeren Fassade eine zurückgezogene, aber umso härtere Männlichkeit festsetzen. Dies kann man bei vielen Männern beobachten, die sich nach außen hin weich und verbindlich geben. Sie sind nicht verlässlich, oft unfair und meist innerlich sehr hart und voller Wut.

Männer, die das Männliche ablehnen, lehnen auch das Weibliche ab, sie sind im Grunde Frauenhasser (natürlich nur ganz insgeheim). Um das Weibliche in sich zu nähren, muss ein Mann das Männliche nehmen und leben. Dann hat das Weibliche in ihm einen sicheren Platz und kann ihn bereichern. Es gibt ihm dann Fülle.

Für die Frau gilt das Gleiche. Wenn sie sich dem Männlichen in sich zuwendet, wenn sie mit den Männern mithalten, mit ihnen konkurrieren, ein besserer Mann sein will, verliert sie das Weibliche, und das Männliche in ihr wird hart und dürr sein. Anstatt sie zu nähren, trocknet es sie aus. Wenn sie sich hingegen ganz dem Weiblichen überlässt und dem Männlichen im Mann begegnet und es von ihm nimmt, sich davon voll werden lässt, wird das Männliche sie sowohl in ihrer Weiblichkeit erfüllen als auch ihre eigenen männlichen Anteile und Fähigkeiten befruchten und reifen lassen.

Das Männliche kann sich dann in ihr ausbreiten, ohne ihre Weiblichkeit zu gefährden. Es fügt ihr etwas hinzu, und sie kann ihren weiblichen Weg mit Klarheit, Zielstrebigkeit und anderen männlichen Eigenschaften verbinden. Das Männliche bindet sich dann in das Weibliche ein und drückt sich auf eine andere Weise aus als bei Männern, ebenso wie sich bei diesen das Weibliche in anderer Weise ausdrückt als bei Frauen.

Die Entwicklung der gegengeschlechtlichen Anteile ist also ein natürlicher Reifungsprozess. Er trägt dann die volle Frucht, wenn man sich ganz auf die eigene Geschlechtlichkeit eingelassen hat. Zeitlich gehört dies in die zweite Lebenshälfte. Für die Partnerschaft ist dies sehr bedeutsam, denn je mehr sich das Weibliche im Mann und das Männliche in der Frau entwickelt, umso weniger ist man auf den anderen angewiesen. Dies kann für Beziehungen sehr problematisch sein, kann aber auch neue Perspektiven eröffnen. Ich komme darauf später noch einmal zurück.

Sex und Liebe

Altes und Neues

Die Welt hat sich verändert und ändert sich in immer schnellerer Geschwindigkeit. Dies gilt in erster Linie für die äußere Welt. Inwieweit unsere innere Welt, unsere Wahrnehmung und unser Fühlen, damit Schritt hält, inwieweit vor allem die tieferen Schichten unseres (Unter-)Bewusstseins damit Schritt halten, ist eine offene Frage.

Sicherlich braucht dies wesentlich mehr Zeit. Das Gewicht und das Beharrungsvermögen von hunderttausend Jahren menschlicher Evolution (denen noch einmal eine unermesslich lange Zeit vormenschlicher Entwicklung vorangeht, die uns ebenfalls im Innersten noch beeinflusst) wiegt wesentlich schwerer als zeitgenössische Entwicklungen. Viele unbewusste Handlungen und chemische Prozesse in unserem Körper werden nach wie vor von uralten Programmen gesteuert, auch wenn sich darüber neue Haltungen und Einstellungen herausbilden. Wir leben also immer in einer Spannung zwischen zwei Welten: einer auf der Basis alter Erfahrungen aus dem Unterbewusstsein gesteuerten Welt und unseren bewussten Einstellungen, Haltungen und Handlungen. Je schneller sich die Welt verändert, umso größer wird diese Spannung. Wir können sie verringern, indem wir uns der unbewussten Programme bewusster werden, ihre Bedingtheit durch bestimmte historische Kontexte erkennen, sie hinter uns lassen und uns ganz der Gegenwart zuwenden. Dennoch werden wir uns davon nicht ganz frei machen können, und vielem, was wir bewusst anstreben, wird unser Unbewusstes einen Strich durch die Rechnung machen. Das Verhältnis von Männlichem und Weiblichem, wie ich es bisher dargelegt habe, ist allerdings kein historisches. Es ist nicht an eine bestimmte Zeit und bestimmte Umstände gebunden, sondern gilt im Großen und Ganzen zeit- und kontextunabhängig. Seine jeweils zeitbedingte Ausprägung erhält es dadurch, wie Mann und Frau es ausfüllen und leben.

Wir müssen also fragen, wie sich das beschriebene Grundverhältnis in der heutigen Zeit umsetzen lässt. Ich habe dazu bereits einige Hinweise gegeben und will auch im Weiteren nicht ins Detail gehen, weil das eine Aufgabe ist, die jeder selbst angehen muss. Es gibt jedoch einige Veränderungen, die so grundlegend sind, dass sie einer genaueren Betrachtung bedürfen.

Die Befreiung der Frau

In den letzten dreißig Jahren hat eine stille Revolution stattgefunden. Ihr Ergebnis ist, dass die Frauen materiell nicht mehr auf den Mann angewiesen sind. „Materiell" verstehe ich dabei in einem ganz umfassenden Sinne, also nicht nur finanziell. Ohne Anspruch auf Vollständigkeit seien folgende Aspekte erwähnt:

– Frauen sind gesellschaftlich gleichgestellt und selbstständig. Sie haben Zugang zu allen gesellschaftlichen Bereichen und Ressourcen, können allein ihren Lebensunterhalt verdienen und – zur Not unter Mithilfe des Staates – auch den ihrer Kinder. Sie sind also finanziell nicht mehr vom Mann abhängig. Damit entfällt eine wichtige, wenn nicht die wichtigste Basis der bürgerlichen Ehe, die immer auch der Versorgung der Frau und der Kinder diente.

– Die Möglichkeit sicherer und dauerhafter Verhütung ist eine Tatsache. Das ist eine ungeheure Veränderung, sie ist völlig neu in der Menschheitsgeschichte. Das heißt, dass Sexualität und Zeugung faktisch zweierlei Prozesse geworden sind. Man kann das Eine ohne das Andere haben. Die Moral, selbst in christlichen Kreisen, folgt dieser faktischen Entwicklung. Sexualität und Lust werden heute als natürlich-menschliche Eigenschaften und als Werte an sich angesehen, zumindest in einem gewissen Rahmen. Dieser Rahmen muss nicht die Ehe sein.

– Vor allem für Frauen ist diese Entwicklung bedeutsam. Sexualität ist für sie gefahrloser geworden in dem Sinne, dass nicht mehr ständig eine Schwangerschaft droht. Zum ersten Mal haben potenziell alle Frauen einen freien Zugang zur Sexualität, ohne dass dies in die direkte Abhängigkeit von einem Mann führt. Generell steigt mit der Entkoppelung von Geschlechtsakt und Zeugung die Vergnügungsfunktion der Sexualität. Sex ist jetzt auch für Frauen jederzeit außerhalb fester Beziehungen verfügbar. Sie brauchen keinen Ehemann mehr, um ihre sexuellen Bedürfnisse zu erfüllen. Sie brauchen noch nicht einmal mehr einen, um Kinder zu bekommen. Und manche entdecken erst jetzt, dass sie eigene sexuelle Bedürfnisse haben und haben dürfen.

– Die Zeugung ist nicht mehr an den Geschlechtsakt gebunden. Die künstliche Befruchtung steckt zwar noch in den Kinderschuhen und wird bisher nur in Ausnahmefällen angewendet, aber für die Zukunft könnte dies eine noch viel größere Zäsur für die Geschlechterbeziehungen darstellen als die Erfindung der Pille. Dann braucht die Frau nicht mehr nur keinen Ehemann mehr, sondern, von einigen Samenspendern abgesehen, überhaupt keinen Mann mehr.

– Ein letzter Punkt ist vor allem für ältere Paare von Bedeutung: Die Lebenszeit hat sich enorm verlängert; nachdem die Kinder aus dem Haus sind, beginnt eine neue Lebensphase, auch für die Beziehung. Wenn ein Paar im Alter von fünfundzwanzig bis fünfunddreißig Kinder bekommen hat, ist es maximal fünfundfünfzig, wenn das jüngste zwanzig ist. Mit fünfundfünfzig war man früher schon recht alt, vor allem als Frau, heute warten vielleicht noch dreißig Lebensjahre. Diese Zeit will mit Sinn gefüllt sein. Das Paar wird auch nicht mehr quasi automatisch zu Großeltern, und wenn, ist das nicht ihr Lebensmittelpunkt. Das Oma- und Opa-Sein hat, seit die Großeltern nicht mehr in die Lebensgemeinschaft mit Kindern und Enkeln eingebunden sind, keine eigenständige Funktion mehr, sondern ist eine Nebenbeschäftigung. Man ist halt Oma geworden, aber das hindert nicht daran, sich nach einem neuen Lebensgefährten oder Liebhaber umzuschauen, wenn der Mann gestorben ist, gegangen ist oder gegangen wurde. Und wenn er noch da ist, muss die Beziehung neu definiert werden, muss gemeinsam geschaut werden, was ihr jetzt noch Sinn gibt.

Aus alldem geht zweierlei hervor:

1. Die Ehe ist für Frauen nicht mehr notwendig. Zwar wünschen sich die meisten Menschen nach wie vor eine dauerhafte Partnerschaft, auch in Form der Ehe, aber vieles, was die Ehe bis gestern noch notwendig machte und zusammenhielt, gilt heute nicht mehr und wird morgen

vielleicht völlig veraltet sein. In abgeschwächter Form überlebt es noch in Form von Angst, allein nicht klar zu kommen, in Form von Bequemlichkeit (lieber eine schlechte Beziehung, als alles allein machen zu müssen) und in Form von familiärem bzw. sozialem Druck (z.B. „Ihr müsst zusammenbleiben wegen der Kinder"). Aber zwingend, so zwingend wie noch vor ein, zwei Generationen, ist dies nicht mehr. Auch die religiös-moralische Norm der Unauflöslichkeit der Ehe hat kaum noch Kraft. Die lebenslange Beziehung ist eine schöne, von den meisten für wünschenswert angesehene Idee, mehr nicht. Wenn es funktioniert, ist es toll, vor allem für die Kinder, wenn nicht, ist es schade bis tragisch.

2. Der Mann ist nicht mehr so wichtig. Man braucht zwar noch ein paar Zuchtexemplare, aber das war's dann auch. Der Mann wird von der schieren Notwendigkeit zum Luxus. Daraus ergibt sich auch für ihn die Notwendigkeit, seine Bedürfnisse und seinen Platz neu zu bestimmen beziehungsweise hinzuschauen, wo dieser noch ist. Er muss dies unabhängig von der Frau tun, er muss sich selbst an seinen Platz stellen und diesen behaupten.

Damit ist nicht die Mann-Frau-Beziehung an sich in Frage gestellt, aber ihre Form entwickelt sich von der Notwendigkeit zur Freiheit. Was sich früher wie von selbst ergab, muss (und kann!) heute frei und bewusst gestaltet werden.

Damit kommt auf das Paar eine neue und viel größere Verantwortung zu. Angesichts der äußeren Freiheit ist es heute wesentlich schwerer, eine Paarbeziehung zu führen und lebendig zu erhalten, als dies früher der Fall war. Will man das Zusammenleben von Mann und Frau erhalten, so muss es auf ganz neue Beine gestellt werden. Diese Beine heißen Liebe und Achtung, nicht mehr Notwendigkeit und Zwang. Das ist historisch eine völlig neue Situation, die Beziehungen zu einer sehr zerbrechlichen Angelegenheit gemacht hat. Jetzt ruht fast alles auf der Liebe.

Was Männer brauchen und Frauen gut tut

Und es ruht sehr viel auf der Frau. Auf sie kommt eine sehr große Verantwortung zu, auch eine größere Verantwortung für die Beziehung und die Gesellschaft als Ganzes. Die Frau hat ohnehin eine viel größere Macht, als die meisten sich eingestehen, und mit der neu gewonnenen Freiheit ist diese noch größer geworden.

Dieser Tage hatte ich einen Kurs, in dem viele Paare waren, deren Beziehung in einer ernsten Krise steckte. Bei allen war die Liebe intakt, aber sie konnte aus verschiedenen Gründen nicht richtig fließen. Nachdem die Störungen aufgedeckt waren, ergab sich bei allen das gleiche Bild: Die Frau legte ihren Kopf an die Schulter des Mannes, vollkommen hingegeben, und er hielt sie. Damit waren beide glücklich und in ihrer jeweiligen Kraft – die Männer in der männlichen, die Frauen in der weiblichen Kraft. Und beide strahlten.

Bei einem Paar hatte ich gar nichts anderes gemacht, als die Frau aufzufordern, sich so an ihn anzulehnen. Sie hat dabei zunächst heftig geweint, es war wie ein Dammbruch, ein Durchbruch zu ihrer Liebe, während er sie bewegt gehalten hat. Am Ende wurde sie ganz ruhig, und er, der unter anderem auch deshalb zum Kurs gekommen war, weil er seit der Geburt ihres Kindes schwere Rückenprobleme hatte, stand aufrecht, stark und kraftvoll.

Ich habe ihr dann gesagt: „Du musst ihm auch etwas zu tun geben. Wenn er dich nicht halten darf, wenn du selbst versuchst, stark zu bleiben, anstatt dich von ihm halten zu lassen, hat er ja gar keine Bedeutung. Männer haben von sich aus kaum Bedeutung. Sie liefern ihren Samen ab, und das war's. Wenn ihr Frauen ihnen keinen Platz gebt, wenn ihr ihnen nicht zeigt, dass ihr sie auch darüber hinaus noch braucht und ihren Beitrag würdigt, fühlen sie sich überflüssig, beginnen zu trinken, nehmen sich eine Geliebte oder brechen zusammen."

Männer brauchen eine Aufgabe. Das gilt heute mehr denn je. Ihr eigentlicher Job, das, wofür die Natur sie hat entstehen lassen, ist in zwei Minuten erledigt. Den Rest können Frauen im Prinzip allein. Zwar nicht ganz so gut, aber es geht. Die Frau hingegen hat von Natur aus einen festen Platz, sie trägt das Kind in sich, bringt es zur Welt und ernährt es. Ohne ihren kontinuierlichen Beitrag geht das Leben nicht weiter. Ohne sie gibt es keine Familie und keine Gemeinschaft. Sie wird für Jahre gebraucht, der Mann nicht. Daher ist die Frau das natürliche Zentrum jeder Gemeinschaft. Das gibt ihr eine natürliche Macht, die dem Mann fehlt.

Um einen guten Platz in der Familie einnehmen zu können, braucht der Mann von der Frau die Bestätigung und Anerkennung, dass er wichtig ist, gebraucht wird, eine Bedeutung hat. Sonst beschränkt er sich darauf, seinen Samen abzuliefern und zu gehen. Die beste Anerkennung und Wertschätzung ist für ihn, wenn die Frau sich von ihm schützen und ernähren lässt und ihn dafür achtet und seinen Beitrag würdigt. Tut sie dies, wird er ihr ein verlässlicher Partner sein. Signalisiert sie ihm, dass sie auch ohne ihn zurechtkommt, wird er sie beim Wort nehmen.

Früher war dies kein Thema, es war offensichtlich, dass der Mann gebraucht wurde. Er musste sie tatsächlich beschützen. Und viele wichtige Arbeiten waren für Frauen zu schwer, sie konnten rein körperlich nur von Männern erledigt werden. Zwar können auch Frauen Feldarbeit verrichten, Bäume fällen, Häuser bauen, an Hochöfen oder in Bergwerken schuften, aber das gefährdet die Reproduktion. Die Folge wären Fehlgeburten, verkrüppelte und verwahrloste Kinder gewesen. Also war es ganz klar, dass man Männer brauchte, auch über die Zeugung hinaus.

Aber wer sieht heute noch, dass es ein wichtiger Beitrag für die Familie ist, wenn ein Mann die ganze Woche im Auto unterwegs ist und Versicherungen verkauft? Er kümmert sich nicht um die Familie, kommt abends erst um zehn nach Hause, hat immer nur seine Zahlen im Kopf…

Heute brauchen Mann und Frau sich auf vielen Ebenen nicht mehr so wie früher, obwohl sie sich, um ihre eigentliche Funktion zu erfüllen, immer noch brauchen. Aber im Alltag sind sie unabhängiger voneinander geworden, und das ist gut so. Es ist gut, wenn ein Mann kochen kann und weiß, wie die Waschmaschine funktioniert. Es ist gut, wenn eine Frau Auto fahren kann und weiß, wie man Bankgeschäfte erledigt, wenn sie entsprechend ihrer Intelligenz und ihrer Fähigkeiten gebildet ist und arbeiten kann und dafür genauso wie der Mann entlohnt wird. Es ist auch gut, wenn beide nicht ständig aufeinander hocken müssen, wenn jeder mit sich allein etwas anfangen kann, so dass das Zusammensein nicht der Not geschuldet ist, sondern aus freien Stücken erfolgt. Und es ist sehr gut, wenn beide äußerlich und innerlich so stark und unabhängig sind, dass sie sich auch allein dem Leben stellen können, dass sie nicht vom anderen abhängig sind. Tatsächlich wird eine Beziehung, die beiden Raum für eigene Entwicklung lässt, immer zu mehr Freiheit führen und zur Folge haben, dass die Partnerschaft auf der Freiheit ruht, dass beide auch allein klarkommen könnten.

Aber man kann dies auch zu weit treiben. Eine Beziehung beruht darauf, dass der andere einem etwas Zusätzliches gibt, etwas, das man selbst nicht hat. Eine Beziehung beruht auch auf Bedürfnissen, die im gegenseitigen Austausch befriedigt werden, so dass das Leben mit diesem Austausch und mit dem Partner voller, satter und runder ist als ohne ihn. Bedürfnislosigkeit lässt die Beziehung eingehen.

Wenn ich meinem Partner ständig sage (laut oder leise): „Ich brauche dich nicht", „Ich kann das auch allein", wird er sich bald fragen: Wozu bin ich denn noch da? Es mag stimmen, dass man ohne den anderen klarkommen kann, aber gerade dann ist es wichtig, ihm das Gefühl zu geben, dass es mit ihm dennoch besser ist als ohne ihn; dass man seinen Beitrag dennoch (oder gerade deshalb) schätzt – obwohl man im Prinzip vielleicht darauf verzichten könnte.

Es geht also nicht um ein Brauchen in dem Sinne, dass ich ohne den Partner nicht leben könnte oder materiell oder emotional völlig verkümmern würde, sondern darum, dass der Partner mir etwas geben kann, was mich innerlich bereichert und wachsen lässt und mein Leben runder und reicher macht. Wenn eine Frau sich an den Mann anlehnt – ohne Erwartung, ohne Anspruch – drückt sie damit ihre Wertschätzung des Männlichen aus, ihre Bereitschaft, sich dem Schutz und der Fürsorge des Mannes anzuvertrauen und von seiner männlichen Kraft zu nehmen. Das stärkt die Beziehung.

Der umgekehrte Vorgang schwächt sie dagegen: Wenn

ein Mann sich an die Frau anlehnt, seinen Kopf in ihren Schoß legt oder sich von ihr halten lässt, wird er zum Kind. Dies kann hier und da mal Sinn machen (zum Beispiel wenn er krank ist, einen Schicksalsschlag oder eine schwere Niederlage erlitten hat), aber auf Dauer und als Grundbild ist es der Beziehung abträglich. Denn dann wird sie zur Mutter und er zum Kind, und das schwächt ihn. Wenn die Frau sich hingegen an den Mann anlehnt, achtet sie damit seine Kraft und seine Männlichkeit und kommt zugleich zu ihrer Weiblichkeit und Weichheit. Und sie gibt ihm eine Bedeutung und einen Platz: Er darf sie halten und schützen. Dann bleibt der Mann, sonst geht er. „Er geht" kann heißen: Er verlässt sie, aber in den meisten Fällen wird er nur innerlich gehen – er trinkt, er stürzt sich in die Arbeit, er entwickelt obzessive Hobbys, er geht zu anderen Frauen, hat Affären oder eine Geliebte. Wirklich gehen, eine Beziehung beenden, tun Männer selten. Das bleibt den Frauen überlassen, die meisten Männer sind zu schwach dazu.

Frauen, das starke Geschlecht

Die Frau hat die Macht. Sie bestimmt, wo es lang geht in der Beziehung. Das beginnt schon beim Kennenlernen. Die Jungs laufen zwar hinter den Mädchen her und versuchen, sie anzumachen, aber die Mädchen bestimmen, von wem sie sich anmachen lassen. Der Mann bemüht sich, die Frau entscheidet. Und lässt es dann so aussehen, als ob er sie rumgekriegt hätte. Und der tumbe Kerl glaubt es. Und so geht es weiter: Sie entscheidet, ob sie seine Frau wird, und sie entscheidet, ob und wann es Nachwuchs gibt. Meist ist es auch die Frau, die entscheidet, ob es zum Sex kommt und wie dieser aussieht. Er darf zwar die Musik machen, aber sie bestimmt den Einsatz und gibt den Ton an. Der Mann kann dies zwar alles mit Gewalt durchkreuzen, aber sobald er sich in die Liebe begibt, ist er machtlos. Dort ist sie die Starke.

Auch hier lohnt sich ein Blick auf die Biologie. Dabei zeigt sich nämlich, dass der Mann ihr zwar seinen Samen aufzwingen kann, aber ob sie schwanger wird, entscheidet sich in der Frau. Er ist nur der Lieferant für den Rohstoff, sie ist die Köchin. Was sie mit dem Rohstoff macht, ist ihre Sache, und manchmal gibt es auch noch andere Lieferanten, ohne dass er es merkt.

Er wird zwar gebraucht, aber alles andere entzieht sich seinem Einfluss. Selbst wenn er dies dadurch kompensiert, dass er die Frau beherrscht, bleibt sein Platz in der Familie unsicher. Er weiß nie ganz genau, ob sein Kind tatsächlich *sein* Kind ist. Der Platz der Mutter ist über jeden Zweifel erhaben, sie ist sich ihrer völlig gewiss, der Platz des Vaters ist dies nicht. Er muss ihn sich erarbeiten, und er muss der Frau vertrauen. Er kann, vor allem in Bezug auf die Kinder, nur den Platz einnehmen, den die Frau ihm gewährt. Wenn sie sich an ihn anlehnt, wenn sie sich von ihm schützen und beschenken lässt, wird er dies dankbar annehmen.

Der Mann ist gesellschaftlich in der überlegenen Position, das Herrschaftsgefüge in der Gesellschaft ist (noch) männlich geprägt und dominiert. Das ist seine Kompensation, sein Ausgleich für seine natürliche Schwäche in der Beziehung. Die Sphäre der Gesellschaft (die Arbeit, die Kneipe, der Verein, der Sport, die Politik, die Theorie) ist auch sein Rückzugsgebiet, sein Fluchtpunkt. Und er ist der Frau körperlich überlegen. Daher kann er sie körperlich und sozial beherrschen, und viele Männer nützen dies weidlich aus – und zwar umso mehr, je schwächer sie in der unmittelbaren Begegnung mit der Frau sind. In dieser unmittelbaren Begegnung sind die Frauen nämlich die stärkeren. Abgesehen von der Körperkraft ist der Mann ihnen in allen Belangen unterlegen.

Der erste Mensch, dem ein Mann begegnet, ist eine Frau – seine Mutter. Dies war die erste Beziehung. Alles hing von der Mutter ab. Sie, die Mutter-Frau, war auch der erste Adressat seiner Bedürfnisse. Sie bestimmte, ob, wann und wie diese befriedigt wurden. Die Mutterbrust war dabei körperliche und seelische Nahrungsquelle zugleich. Sie spendete Milch und Nähe, Geborgenheit, Liebe. Für den Säugling existiert dabei kein Unterschied, die Brust ist Nahrungs-, Liebes- und Lustquelle zugleich. An der Mutterbrust ist er in Sicherheit, hier wird alles erfüllt, was er braucht. Hier erlebt er aber auch seine grundlegende Abhängigkeit. Die Frau kann ihm alles geben, aber auch alles verweigern.

Diese Situation taucht später in der Paarbeziehung wieder auf. Natürlich erleben auch Frauen die ursprüngliche Abhängigkeit von der Mutter, aber indem sie selbst zur Frau werden, können sie das Mütterliche in sich selbst erfahren. Männern hingegen begegnet es nur in der Frau. Deshalb hat jede Frau Macht über sie. Und weil sie diese Macht fürchten, lassen sich viele Männer erst gar nicht richtig auf die Frau ein. Sie bleiben beim Sex und suchen Befriedigung in der Männerwelt, die ihnen ein falsches Gefühl der Überlegenheit vermittelt. Dass dieses Gefühl falsch ist, wird sofort deutlich, wenn sie sich auf die Liebe einlassen. Es ist genau umgekehrt wie bei der Frau:

Die Frau fürchtet den Sex, weil der Sex sie in die Abhängigkeit führt, weil er sie an den Mann und seine Gewalt ausliefert und darüber hinaus an die Gewalt der Natur, an Leben und Tod. Zugleich findet sie über den Sex zu ihrer natürlichen Erfüllung, nämlich zum Kind.

Der Mann dagegen fürchtet die Liebe, weil sie ihm seine ursprüngliche Abhängigkeit von der Frau offenbart. Den Sex kann er sich zur Not auch nehmen, die Liebe jedoch nicht. Aber er braucht sie, denn die Liebe ist das einzige, was seinem Leben Sinn gibt.

Frauen sind sich ihrer Macht in Beziehungen meist nicht richtig bewusst. Sie ist ihnen aber auch nicht fremd, unbewusst wissen sie darum. Dieses Wissen ist überlagert von der verbreiteten Vorstellung der weiblichen Schwäche oder der männlichen Herrschaft, auch von dem Gefühl, der körperlichen Überlegenheit des Mannes ausgesetzt zu sein. Daher setzen die meisten Frauen ihre Macht nur indirekt ein, sie verstecken sie. Zu einem gewissen Grad entspricht dies der weiblichen Natur. Es kann allerdings ein Ausmaß annehmen, an dem es ebenso zerstörerisch wird wie die offene Gewalt mancher Männer. Gerade in der heutigen Zeit ist es wichtig, dass Frauen sich ihrer Macht und ihrer Kraft bewusst sind und klar dazu stehen. Damit meine ich nicht den törichten Machtkampf mit den Männern, sondern ein klares Bewusstsein ihrer tatsächlichen Machtstellung in der Familie und der damit einhergehenden Verantwortung.

Männer, das schwache Geschlecht

Für den Mann bedeutet die gewachsene materielle und soziale Unabhängigkeit der Frau, dass seine ohnehin unsichere Stellung noch unsicherer, noch prekärer geworden ist und werden wird. Dafür wird er sich einen Ausgleich suchen. Eine Möglichkeit wäre die noch stärkere Kontrolle der Frau – oder besser: des Weiblichen. „Des Weiblichen", weil die Frau nicht mehr direkt kontrolliert werden kann. Aber sie kann indirekt in Schach gehalten werden, indem die Vermännlichung der Gesellschaft forciert wird und die Frauen darin eingebunden werden.

Das ist der gegenwärtig herrschende Trend, bei dem manche Frontfrau kräftig mitmischt. Am deutlichsten kann man den Trend im Sport beobachten. Wenn Frauen boxen, Gewicht heben, Eishockey oder Fußball spielen, dann tun sie dies nicht nach anderen Regeln oder sonst auf andere Weise als Männer. Sie machen den Männern nur alles nach – und hätten doch nie eine Chance im direkten Vergleich. Dasselbe passiert überall in der Gesellschaft: Frauen wollen nicht nur alles tun, was die Männer auch tun, sondern sie machen es den Männern auch nach, tun es auf männliche statt auf weibliche Weise.

Tatsächlich sind es die Frauen, die die Vermännlichung der Gesellschaft vorantreiben. Sie tun dies natürlich ganz unbewusst, denn wollen tun sie das Gegenteil. Aber das männliche Urprinzip spielt ihnen einen Streich. Das Männliche und das Weibliche, die beiden Urkräfte, sind komplementär und gleichwertig. Sie lassen es nicht zu, dass das eine über das andere herrscht, sondern sorgen immer für einen Ausgleich (ähnlich wie die Natur dafür sorgt, dass es immer etwa gleich viele Männer und Frauen gibt). Der Kampf zwischen Frauen und Männern ist vor diesem Hintergrund vollkommen lächerlich und bedeutet eine riesige Kraftvergeudung.

Die Alternative besteht darin, dass die Frau in ihrer weiblichen Kraft bleibt und dem Mann seinen Platz lässt. Das heißt nicht, dass Mädchen, denen das gefällt, nicht Fußball spielen oder Frauen keine Führungspositionen einnehmen sollen, aber sie könnten dies ganz auf ihre Weise machen. Es bedeutet auch nicht – manche Frauen fassen dies so auf – dass sie dem Mann einen Platz zuweist; dass sie ihm sagt, was er (zum Beispiel im Haushalt) zu tun hat, oder wann er für die Kinder da zu sein hat. Das muss sie ihm schon selbst überlassen, sowohl das Ob als auch das Wann und das Wie. Es heißt, dass sie achtet und würdigt, dass Männer einen wichtigen Beitrag leisten, und dass sie, trotz aller Selbstständigkeit, bereit ist, vom Mann zu nehmen.

Dass sie dies heute freiwillig und nicht mehr aus Not tut, erhöht die Bedeutung dieser Haltung. Das Bild, in dem diese Haltung zum Ausdruck kommt, ist das eingangs geschilderte: Die Frau legt ihren Kopf an die Brust oder Schulter des Mannes und lässt sich von ihm halten.

Auf diese Weise hat das Männliche wie das Weibliche seinen Platz, und wenn sie dies in der Paarbeziehung gleichgewichtig haben, kann dies auch in der Gesellschaft der Fall sein. Dann wird der kompensatorische Ausgleich, mit dem Männer auf gesellschaftlicher Ebene ihre Schwäche überdecken und balancieren, überflüssig. In dem Maße, in dem Männer und das Männliche einen anerkannten Platz in der Familie haben, können Frauen und das Weibliche auch einen in der Gesellschaft haben – und umgekehrt.

Der Mann kann sich diesen Platz in der Familie nicht selbst nehmen. Er kann sich zwar hinstellen, er kann seine Bereitschaft zeigen, kann seinen Platz behaupten (und sich nicht, wie es viele Männer tun, wenn die Frau die Beziehung nicht mehr will, wegschicken lassen), aber er kann seinen Platz neben der Frau in dieser Hinsicht nicht nehmen. Er kann sie festhalten, kann sie zu allem Möglichen zwingen, aber um sie halten zu können, bedarf es ihrer Zustimmung – sie muss sich halten lassen. Nur dann wächst die Beziehung, wird sie tiefer. Der entscheidende Schritt muss von der Frau kommen.

Sie tut das aber nicht nur für ihn, sondern ebenso für sich selbst. Es ist keine milde Gabe. Der Mann an sich braucht dies nicht. Die Beziehung braucht es. Der Mann kann auch herumstreunen und, wie es seit Urzeiten in ihn einprogrammiert ist, möglichst viele Weibchen begatten. Erfüllen wird ihn das zwar ebenso wenig wie die Frau, aber es entspricht durchaus seinem natürlichen Auftrag. So setzt er sein genetisches Potential sinnvoll ein, er hat ja genug davon. Die Frau hat nur Potenzial für rund zehn Kinder, der Mann für Tausende; daher ist es für sie genetisch die effektivste Strategie, sich einen möglichst guten Mann auszusuchen und sich dann um die Pflege ihrer wenigen Nachkommen zu kümmern, während es für ihn durchaus Sinn macht, sogleich nach neuen Jagdgründen Ausschau zu halten. Wir dürfen diese genetischen Urantriebe nicht unterschätzen, sie sind Teil unseres Erbes und haben allein deshalb eine ungeheure Kraft, weil die Evolution dank ihrer erfolgreich war. Daher treiben sie uns nach wie vor. Aber sie erfüllen uns nicht mehr.

Es erfüllt zum Beispiel den Mann nicht mehr, seinen Samen überall auszustreuen, weil er sich so nur in die Breite entwickelt, nicht in die Tiefe. Die Liebe und die Beziehung ermöglichen Mann und Frau, in die Tiefe zu wachsen, sich nicht nur nach außen hin zu reproduzieren, sondern auch nach innen zu reifen, zu wachsen und sich so selbst ständig zu erneuern.

Wenn die Frau sich also an den Mann anlehnt und sich von ihm halten lässt, tut sie dies auch für sich selbst, und wenn der Mann sie hält (symbolisch und tatsächlich), tut er das nicht nur für sie, sondern auch für sich selbst. Er wird dadurch mehr Mann, so wie sie durch ihr Anlehnen mehr Frau wird.

Es sind allerdings nicht nur die Frauen, die vor dieser Haltung Angst haben und sie meiden (weil sie vermeintlich schwach macht), sondern auch viele Männer. Sie nimmt ihnen nämlich ihre Fluchtmöglichkeiten. Sie fordert den ganzen Mann mit einem klaren Ja zu Frau und Familie. Muttersöhne – das sind nicht nur die so genannten Softies, sondern gerade auch die dezidierten Machos – werden hier kneifen. Sie bleiben lieber auf der Spielwiese und lassen sich erst gar nicht tief auf eine Frau und auf die Liebe ein. Denn wenn er liebt, kann ein Mann sich kaum entziehen, wenn seine Frau sich an ihn anlehnt. Er muss sie halten. Wenn er dann noch seinen Vater im Rücken hat (dies ist der Fall, wenn ich meinem Vater voll und ganz zustimme), weiß er, was männliche Kraft ist und männliche Fülle.

Es gibt aber auch Frauen, die um ihre Stärke wissen. Das sind nicht die, die von „Frauenpower" oder von starken Frauen reden. Das sind Blasebälge, mit denen sich diejenigen aufplustern, die es nötig haben. Wirklich starke Frauen reden nicht darüber – sie sind es. Und diese Stärke hat nichts mit den Männern zu tun, sie braucht den Vergleich nicht. Sie ist sich ihrer selbst gewiss. Wo sie dies nicht ist, wo sie das Kräftemessen sucht, ist sie in Wirklichkeit schwach.

Die Frauen brauchen nicht zu kämpfen, sie haben schon gewonnen. Der Mann hat gegen sie keine Chance. Es mag noch viele Kriege, viel Blutvergießen und viel Leid brauchen, bis er dies einsieht, aber hier bei uns, vor allem in Deutschland, wo der männliche Wahn auf die Spitze getrieben wurde, ist dies im Grunde klar. Die Männer haben verloren. Und die Frauen werden ebenfalls verlieren, wenn sie weiter kämpfen. Der Kampf der Frauen ist überflüssig. Wird er dennoch geführt, so bringt er nur Leid – denn er bewirkt auch das Festhalten an einer überholten Männlichkeit.

Die Männer bereichern und adeln das weibliche Sein und das Leben der Frau. Indem sie ihr Halt und Sicherheit geben, ermöglichen sie es ihr, sich ganz dem Weiblichen, dem Empfänglichen zu überlassen und damit zu sich selbst zu kommen. Aber sie sind auf die Einsicht und Intelligenz der Frau angewiesen. Der Schlüssel liegt bei ihr, denn sie hat die Macht. Das haben die Frauen, die nach Macht streben, nicht begriffen. Sie strecken sich im Grunde nach dem Männlichen, und wenn sie es erreicht haben, haben sie nichts in der Hand außer einer Frucht, die ihnen nicht bekommt.

Sex ohne Liebe?

Die beschriebenen Entwicklungen sind im Wesentlichen Entwicklungen der Sexualität. Die „sexuelle Befreiung" ist viel umfassender als gemeinhin verstanden. Das entscheidend Neue ist die Loslösung von der Fortpflanzung. Es wird zwar noch einige Zeit dauern – wenn es überhaupt dazu kommt – bis die Fortpflanzung sich ganz vom Geschlechtsverkehr gelöst hat, aber die Tendenzen sind bereits heute zu besichtigen. Selbst diejenigen, die noch Kinder wollen, begnügen sich mit deren zwei. Dies ist eine Sache von meist weniger als fünf Jahren. In der übrigen Zeit haben Sex und Fortpflanzung nichts mehr miteinander zu tun. Das ist aber eine janusköpfige Freiheit. Denn Sexualität hat in der Fortpflanzung seit Menschengedenken ihren immanenten Sinn gehabt. Jetzt hat sie ihn fast verloren – und droht damit zum sinn-losen Vergnügen zu werden. Das ist zwar nicht zwangsläufig so, aber es bedarf einer tiefen Veränderung im Bewusstsein, um den Sex zu retten. Im Moment geht es ihm nämlich gar nicht gut, er wird ziemlich missbraucht.

Sexualität braucht die Ausrichtung auf oder die Einbindung in etwas außerhalb ihrer selbst. Wenn es nicht mehr – oder nur noch sehr eingeschränkt – die Fortpflanzung ist, braucht es etwas anderes, was eine ähnliche Bedeutung haben und Sinn stiften kann. Als Selbstzweck wird sie früher oder später öde und leer, die Lust selbst droht zu sterben. Wenn Sex nur noch konsumiert wird, geht er den Weg aller Konsumgüter: Er verliert an Wert. Konsum ist Verzehr, ohne dass dabei Neues erzeugt wird. Daher verlieren Konsumgüter ihren Wert.

So geht es auch der Sexualität und der Lust: Wenn sie nur noch konsumiert wird, ohne dass daraus etwas Neues wächst, ohne dass ihr eine Bedeutung außerhalb dieses Konsums zukommt, wird sie immer wertloser. Um das Interesse an ihr zu erhalten, braucht es immer mehr Kitzel. Wenn sie nicht fruchtbar sein kann, verkümmert sie oder nimmt den Weg von Drogen – mehr und härteren Stoff, bis zum Tod. Der Tod ist die letzte Konsequenz einer sinnentleerten Sexualität. Sexueller Kannibalismus ist kein Produkt des Internets, sondern ein letzter verzweifelter, entarteter Versuch, die Lust einem Zweck außerhalb ihrer selbst zuzuführen, ihr noch etwas Nährendes abzugewinnen.

Was kann man tun? Ein Zurück gibt es nicht, die Sexualität wird sich nicht mehr in die alten Käfige sperren lassen. Eine Möglichkeit wäre es, sich bewusst zu machen, dass von ihr alles Leben kommt, mit anderen Worten: Ihre Göttlichkeit zu sehen und ihr mit der entsprechenden Ehrfurcht zu begegnen. Hieran knüpft zum Beispiel die altindische Lehre des Tantra an, die in den letzten dreißig Jahren auch im Westen viele Anhänger gefunden hat, dabei aber auch verwässert und konsumtauglich gemacht worden ist. Das psychotherapeutisch gewendete Tantra kann sicherlich eine sehr gute Sexualtherapie und Schule der sexuellen Selbsterfahrung sein, aber der Grat zwischen Gottesdienst und Götzendienst ist äußerst schmal. Ohne einen wirklichen Meister, der diesen Grat bewacht, fällt man sehr schnell auf die falsche Seite. Man kann dies unter anderem daran sehen, dass viele Tantra-Institute oder die Absolventen von deren Trainings ihre Dienste inzwischen im Rotlichtmilieu anbieten. In jeder größeren deutschen Stadt gibt es heute „Tantramassagen", die nichts anderes sind als etwas anspruchsvollere Masturbation gegen Bares.

Es scheint, als gäbe es nur eine wirkliche Alternative: Die Einbindung der Sexualität in eine Kraft, die der Zeugung gleichkommt, einer Kraft, die Leben nährt und trägt. Die einzige Kraft, die dies vermag, ist die Liebe. Sie schafft zwar (ohne die Sexualität) kein neues Leben, aber sie lässt uns innerlich wachsen und kann uns auf eine höhere Stufe heben. Sie nährt unsere Seele und gibt uns ein Gefühl von Fülle und von Sinn. Als Dienerin der Liebe hätte auch die Sexualität – neben der Zeugung, die es ja immer noch gibt – einen tieferen Sinn. Auch in dieser Hinsicht ist also die Liebe in umfassenderer Weise gefordert und vonnöten, als sie dies früher war.

Die Notwendigkeit der Liebe

Es geht also mehr denn je um die Liebe. Die Liebe ist nach dem Wegfall der Notwendigkeit das einzige, was eine Beziehung noch trägt. Und ihre Bedeutung reicht weit über die Paarbeziehung hinaus – sie ist und wird zunehmend das einzige sein, was eine Gesellschaft noch trägt, was sie innerlich zusammenhält. Es wird oft – und zutreffend – gesagt, die Familie sei die Keimzelle und die Basis der Gesellschaft. Wenn man dann die Auflösungserscheinungen in den Familien sieht, wenn man sieht, dass über dreißig Prozent aller Frauen und vierzig Prozent der Akademikerinnen in Deutschland keine Kinder mehr bekommen, kann man vielleicht erahnen, wie es um die Gesellschaft von morgen bestellt sein wird. Ich meine das nicht ökonomisch, sondern im Hinblick auf die innere Konsistenz, im Hinblick auf die Lebenskraft und den Sinngehalt der Gesellschaft. Angesichts der Auflösung nahezu aller alten Werte (die sich weiter fortsetzen wird) bleibt auch der Gesellschaft nur eines übrig, was sie mit Sinn füllen kann: Liebe.

Damit wir uns recht verstehen: Ich führe hier keine Klage gegen den so genannten Wertewandel oder Werteverfall. Das ist ein unvermeidlicher Prozess. Ich sehe das überhaupt nicht mit Bedauern, ich stimme diesem Prozess voll zu. Er führt uns aus der Not und der Bevormundung in die Freiheit. Dort lauern natürlich massenhaft Verführer, die uns wieder bevormunden wollen und dabei, wie ein flüchtiger Blick auf die Mattscheibe zeigt, auch großen Erfolg haben, aber das gehört nun einmal zur Freiheit dazu – wir sind auch frei, uns in die Unfreiheit zu begeben. Und die Liebe ist ein Kind der Freiheit. Sie gedeiht nur in Freiheit, nie unter Zwang.

Ich habe oben ausgeführt, dass die Liebe ebenso wie die Lust im Dienst der Erhaltung des Lebens steht. Während die Lust die Fortpflanzung sicherstellt, dient die Liebe dem Zusammenhalt. Liebe verbindet und erfüllt, sie ist Nahrung für die Seele. Damit trägt sie eine Gemeinschaft und hält sie zusammen. Außer der Liebe können dies nur die Not – wir erleben die Gemeinschaft stiftende Kraft der Not immer wieder bei Katastrophen –, der Zwang (und zwar der direkte wie auch der indirekte, moralische Zwang) und die Angst. Not, Zwang und Angst sind jedoch außen geleitete Kräfte, sie stärken eine Gemeinschaft nicht von innen heraus. Die Not wirkt nur, solange die äußere Notsituation Gemeinsamkeit erzwingt, und Zwang und Angst stiften keine Gemeinschaft, sondern halten deren Mitglieder klein und dauern nur so lange, wie diese sich dies gefallen lassen. Nur die Liebe kann von innen her Zusammenhalt und Sinn schaffen. Je mehr die Not und der moralisch-religiöse Druck zurückgehen, umso größer wird ihre Bedeutung.

In der Beziehung muss die Liebe heute fast alles tragen. Das hört sich vielleicht etwas schwer an, aber so ist es. Sie ist vom Luxus, vom Sahnehäubchen, zur tragenden Säule geworden. Alle anderen Stützen sind dabei wegzufallen oder sind dies bereits. Wenn sie schwindet oder ein Paar sich nicht ganz darauf einlässt, zerfällt die Beziehung. Wo Not, Zwang, sozialer und moralisch-religiöser Druck entfallen, wird die Liebe zur Notwendigkeit. Die Welt wird weder an Kriegen noch an Seuchen noch am Klimawandel oder ähnlichen aufgebauschten Katastrophen zugrunde gehen. Aber wenn wir nicht zu einer neuen Art von Liebe fähig werden, könnte es sehr eng werden.

Die Frage ist, wie wir die „Kunst des Liebens", wie Erich Fromm dies einst genannt hat, lernen und zu einer Tiefe des Liebens gelangen können, die auch schwere Zeiten durchsteht. Denn eine Paarbeziehung beginnt zwar wie ein Frühlingserwachen und endet vielleicht, wenn sie – mit der Kraft der Liebe – den Herbst gut erreicht, wie ein goldener Oktober, aber zwischendrin ist sie alles andere als eine dauernde Schönwetter-Angelegenheit. Da sind nicht nur Sonne und Regen, sondern auf Hitzeperioden folgen vielleicht Zeiten der Kälte, und manchmal mag der Nebel so dicht sein, dass man zeitweise die Orientierung verliert. In einer Beziehung, die dem Leben folgt und frisch bleiben will, ist dies unvermeidlich. Und die Liebe ist auch nicht nur eine Sache der Paarbeziehung, sondern eine von Beziehungen überhaupt oder, noch deutlicher, unserer inneren Haltung, unserer Beziehung zu uns selbst und zum Leben.

Lieben statt Liebe suchen

Was ist überhaupt Liebe, was verstehen wir hier darunter? Ich bin nicht so vermessen, Liebe zu definieren – schon allein deshalb nicht, weil Definitionen Festlegungen sind und sich eine lebendige Schwingung wie die Liebe nicht festlegen lässt, ohne dass man sie tötet –, aber ich möchte schon beschreiben, was ich darunter verstehe. Oder, vielleicht genauer: Welche Rolle die Liebe in der Paarbeziehung spielt, was sie uns gibt, was sie von uns fordert und wie sie sich im Laufe der Zeit verändert.

Zunächst einmal gilt es, einen verbreiteten Irrtum aufzuklären: Es geht bei der Liebe nicht primär darum, geliebt zu werden. Das wünschen sich Kinder, und wer als Erwachsener diesem Wunsch Priorität einräumt, bleibt kindlich. Selbstverständlich möchte jeder auch geliebt werden, der

Wunsch ist da und völlig in Ordnung. Aber er darf nicht im Vordergrund stehen, denn wenn wir Liebe bekommen wollen, verfehlen wir sie. Es geht darum zu lieben. Die Liebe entsteht im Lieben. Das Geliebtwerden folgt dem Lieben wie ein Schatten, aber der Schatten ist nur da, wo ein Gegenstand ins Licht tritt. Dies ist das Lieben.

Vor vielen Jahren, als ich einmal glaubte, bald sterben zu müssen, habe ich mich gefragt, ob ich etwas verpasst habe im Leben. Alle tatsächlichen oder möglichen Erlebnisse waren bedeutungslos in diesem Moment. Bedeutung hatte nur eine Frage: Habe ich genug geliebt? Das ist alles, was zählt: Liebe ich genug?

Heute lechzt alles nach „Erlebnissen". Ich hatte tolle Erlebnisse in Hülle und Fülle, aber sie zählen nicht wirklich. Der tollste Orgasmus ist nichts gegen einen kurzen Moment der Liebe. Die Liebe ist das einzige, wo ich einem alten Vers von Konstantin Wecker zustimme: „Genug ist nicht genug, genug kann nie genügen". Aber nicht im Sinne von Haben wollen, sondern im Sinne von sein und tun.

Liebe hat eine einzigartige Qualität: Sie verbraucht sich nicht, sondern sie wächst, je mehr man liebt. Sie ist wie ein Fluss, der nach jeder Begegnung mit anderen Flüssen mehr wird. Aber dies geschieht nur, wenn man liebt, nicht, wenn man nach Liebe verlangt. Das Lieben selbst ist der Fluss, das Lieben selbst ist die Nahrung. Liebe ist nämlich kein Gegenstand, daher kann man sie nicht haben und nicht verzehren. Lieben ist eine Haltung. In dieser Haltung kommt man mit einer Schwingung in Verbindung, die uns von innen und von außen umfasst. Je mehr wir uns dafür öffnen, umso mehr lösen wir uns in dieser Schwingung auf.

Liebe als Seinszustand

Liebe ist nichts Persönliches, obwohl sie sich auf der persönlichen Ebene ausdrückt. Liebe ist eine Kraft, die jenseits von uns existiert, eine universale Kraft, etwas ganz Eigenes, von dem der Einzelne ergriffen werden kann. „Jenseits" ist dabei nicht räumlich zu verstehen, sondern heißt, das sie unabhängig davon existiert, ob wir sie wahrnehmen oder nicht. Sie ist nicht machbar, nicht erstrebbar, nicht steuerbar – sie *ist* einfach.

Vielleicht gilt für die Liebe etwas Ähnliches wie das, was Don Juan, der Zauberer in Castanedas Büchern, über die Trauer sagt: „Trauer ist für den Zauberer nichts Persönliches. Es ist eigentlich nicht Trauer. Es ist eine Energiewelle, die aus den Tiefen des Kosmos kommt und die Zauberer trifft, wenn sie aufnahmefähig sind … Trauer kommt nicht aus dem Ich. Sie kommt aus der Unendlichkeit" (Carlos Castaneda, Das Wirken der Unendlichkeit, S. Fischer 1998, S. 134). Auch die Liebe ist eine Energiewelle, die im Unendlichen (das heißt sowohl um uns wie in uns) ständig schwingt, und die uns trifft, wenn wir darauf eingestimmt sind.

Ich habe das vor vielen Jahren einmal in einer Selbsterfahrungsgruppe erlebt, ganz jenseits persönlicher Beziehungen. Etwa ein, zwei Stunden nach einer tiefen Atemübung saßen wir im Kreis zusammen. Ich schaute mich um, und mein Blick fiel auf ein kleines Bild von Osho, das dort an der Wand hing. Ich fühlte eine Art Staunen – ich war mir über das Gefühl aber nicht ganz klar. Ich war damals zwar seit kurzer Zeit sein Schüler, konnte aber mit der Aussage anderer Sannyasins, dass sie den Meister über alles „liebten", nicht viel anfangen. Für mich war er ein weiser Mann, der etwas ganz Außergewöhnliches ausstrahlte und dessen Worte in mir eine tiefe Resonanz erzeugten – aber ihn „lieben"? Der Therapeut bemerkte etwas und fragte mich: „Was ist los?"

„Ich weiß es nicht", habe ich geantwortet, „aber ich glaube, ich liebe ihn". Das kam einfach so aus mir heraus, ich war vollkommen überrascht über das, was ich da sagte.

„Sag's doch mal an seine Adresse", insistierte der Therapeut, „schau auf das Foto und sage: ‚Ich liebe dich'."

Das schien mir sehr komisch, aber ich bin seinem Vorschlag gefolgt, zuerst zögernd, aber dann ganz bestimmt, denn als ich es aussprach war klar, dass es stimmte. Es war aber nichts Persönliches. Das Gefühl war völlig überwältigend, ich schwamm in Liebe, sobald ich es ausgesprochen hatte, aber es war nichts Persönliches.

Dann ist mein Blick weiter gewandert, durch den Kreis der Gruppenteilnehmer, und ich hatte dasselbe Gefühl für jeden Einzelnen. Ohne Unterschied. Ich liebte jeden. Es hatte nichts mit den Personen zu tun, es war in mir. Etwas in mir hatte sich geöffnet, ein vollkommen neuer Raum, den ich noch nie betreten hatte. Persönliche Liebe – ja, das kannte ich. Aber dies hier war etwas ganz anderes. Es war unglaublich, ich war so voller Liebe, wie ich es in den kühnsten Träumen nie für möglich gehalten hätte, und ich war so glücklich wie nie zuvor in meinem Leben, es war pure Glückseligkeit, ohne Wünsche.

Da war eine Frau aus Wien, eine Soziologin, die so vergrämt aussah, dass ich sie bis dahin kaum hatte anschauen können. Das hing vielleicht auch damit zusammen, dass sie quasi eine Kollegin war, denn ich war damals Wissenschaftlicher Assistent für Politikwissenschaft mit Schwerpunkt Politische Soziologie. Als mein Blick jetzt auf sie fiel, war da die gleiche Liebe wie zu allen anderen, vielleicht sogar noch etwas mehr. Ich habe es ihr gesagt, habe gesagt: „Dich liebe ich auch!" Sie hatte mich ganz abwehrend angeschaut, sie konnte und wollte es nicht glauben, aber als sie es in meinen Augen sah, brachen plötzlich die Tränen bei ihr durch – die Liebe hatte sie geschmolzen.

Abraham Maslow, einer der Begründer der „Humanistischen Psychologie", hätte das, was ich damals empfunden habe, wahrscheinlich als „Gipfelerlebnis" bezeichnet. Für mich war es dies auch. Ich habe Ähnliches noch einige Male erlebt, aber es ist nicht mein Alltag – oder: Vielleicht ist es inzwischen in etwas anderer Weise mehr und mehr ein Teil meines Lebens geworden und daher nicht mehr außergewöhnlich, sondern recht normal. Damals hat es mich aber – abgesehen vom Wert der Erfahrung, dass ich alle Menschen lieben kann – etwas ganz Wichtiges gelehrt, nämlich dass es nicht darauf ankommt, geliebt zu werden, sondern einzig und allein darauf, zu lieben. Dies erlebe ich seither immer wieder: Nur das Lieben erfüllt uns und macht satt, nicht das Geliebt-Werden. Deshalb sollten wir unsere Anstrengung viel mehr dem Lieben widmen als dem Geliebt-Werden oder der Klage über fehlende Liebe.

Freilich können wir auch die Liebe (das Lieben) nicht machen. Wir können lediglich dafür bereit sein. Dieses Erleben damals kam über mich, ohne dass ich weiß, woher und wieso. Und es ist auch wieder gegangen. Aber wenn es über mich kommen konnte, ist es Teil der Wirklichkeit; wenn es einmal geschehen konnte, ist es grundsätzlich da und kann öfter, vielleicht sogar immer geschehen. Es lag sicherlich an äußeren Umständen, an einer besonderen Situation, aber auch an mir. Was immer der Auslöser gewesen sein mag, es kam nicht nur von außen, sondern auch von innen, denn es war in mir geschehen – eine Öffnung, die mich mit der Liebe, die immer da ist, in Kontakt gebracht hatte.

Liebe als Aufgabe

Normalerweise verbinden wir Liebe mit einem bestimmten Menschen. Wenn die Begegnung mit einem anderen Menschen in uns die Liebe anrührt, dann mag es uns so vorkommen, als sei dies etwas vollkommen Neues und nur für diese Person Bestimmtes. Aber die Liebe, so plötzlich und heftig sie uns treffen mag, entsteht nicht aus dem Nichts. Sie war und ist immer schon da, in uns und um uns herum. Sie wird nur wieder geweckt, wie etwas, das eine Weile geschlafen hat. Im anderen begegnet uns etwas, was unsere Seele bereits kennt. Alles fängt an mit dem Gefühl, dass wir diesen einen Menschen haben wollen – ihm nah sein, ihn berühren, riechen, schmecken, ihn mit allen Sinnen erfassen und erleben wollen. Wenn wir uns richtig verlieben, ist alles auf diese eine Person ausgerichtet. Die Liebe ist für unser Leben so überragend wichtig, dass die gesamte Weltliteratur nur von zwei Dingen handelt: der Suche nach Gott und der Liebe. Wenn wir uns verlieben, sind wir mittendrin im ältesten Menschheitsdrama.

Nun haben wir zu Beginn dieses Buches festgestellt, dass Lust und Liebe zunächst einmal einem weit über den Einzelnen hinausgehenden Programm der Arterhaltung geschuldet sind. Sie ist also nicht so persönlich, wie wir meinen. Wir fühlen sie zwar als etwas durch und durch Eigenes, Persönliches – persönlicher kann es fast nicht mehr werden –, aber es geht nicht (nur) um uns.

Wenn wir uns dies eingestehen, dann dämmert uns vielleicht, dass wir zu unserem persönlichen Part in dieser Inszenierung weder das Drehbuch geschrieben haben noch Regie führen. Wir sind lediglich die Darsteller dramatischer, tragischer, komischer, tragikomischer, romantischer oder sonstiger Rollen auf der Bühne des Welttheaters. Das Stück ist nicht für uns da, sondern wir sind für das Stück da! Gewiss, es braucht den Darsteller, ohne ihn könnte es nicht stattfinden, aber wir sind nur Darsteller in einem Stück, von dem wir nichts begreifen.

Konkreter: Wir meinen, eine Beziehung sei für uns da. Der Partner müsse unsere Bedürfnisse nach Liebe, Zärtlichkeit, Sicherheit, Geborgenheit, Lust, Abenteuer und was weiß ich noch alles erfüllen, und die Beziehung soll vielleicht auch noch unserem Wunsch nach Selbstverwirklichung dienen (oder zumindest nicht im Wege stehen). Das entspricht einem Schauspieler, der meint, das Theaterstück sei für ihn geschrieben, es müsse seinem Bedürfnis nach Ausdruck und seiner Selbstverwirklichung dienen.

Tatsächlich ist es genau umgekehrt: Er muss all seine Gaben und Fähigkeiten in den Dienst des Stückes und der Rolle stellen, er muss sich selbst, seine Ideen, Absichten, Befindlichkeiten, seine gesamte Persönlichkeit völlig vergessen oder in den Hintergrund treten lassen, nur dann kann er ein großer Schauspieler werden, und nur darin kann er sich verwirklichen. Er wird, als Schauspieler, er selbst, indem er sich aufgibt.

Die Liebe verlangt von uns das Gleiche: Selbstaufgabe. Wir werden, indem wir uns aufgeben. Das ist, wortwörtlich, die „Aufgabe", die uns die Liebe auferlegt.

Der Alltag der Liebe

Kindliche Ansprüche und erwachsene Bedürfnisse

Wie sieht es nun im Alltag einer Beziehung aus? Wie wirken diese Grundtatsachen in das tägliche Miteinander von Paaren hinein, wie lassen sich die Verschiedenheiten, seine Bedürfnisse und ihre Bedürfnisse, miteinander vereinbaren?

Wenn Mann und Frau einander brauchen und vervollständigen, so liegt die Gefahr nahe, dass man meint, der andere müsste einem geben, was einem selbst fehlt. Tatsächlich ist dies ein Hauptproblem vieler Beziehungen, sobald sie aus dem anfänglichen Verliebtheitszustand in eine festere Verbindung übergegangen sind und erst recht, wenn daraus eine Ehe geworden ist. Nach und nach überlagern heimliche Erwartungen und Ansprüche den unbefangenen Austausch der Anfangszeit. Wenn sie offen ausgesprochen werden, kommt es oft zum Streit. Vordergründig geht es um den Austausch von Bedürfnissen, dahinter verbirgt sich aber meist etwas anderes. Hinter diesen Erwartungen stehen Bilder, die jeder unbewusst mit in eine Beziehung bringt – Bilder, wie eine Beziehung sein soll, Bilder, wie eine Frau oder ein Mann generell sein soll, Bilder, wie man den anderen gerne hätte. Diese Bilder sind vor allem durch das geprägt, was man aus der eigenen Familie kennt und mitbringt, und durch Dinge, die man in der Kindheit erfahren oder vermisst hat.

Tatsächlich tragen wir unendlich viele kindliche Ansprüche in unsere Beziehungen. All die unerfüllten Sehnsüchte aus der Kindheit soll unser Partner erfüllen. Unglücklicherweise fällt die Liebe meist auf einen Partner, der einem einerseits unbewusst die Erfüllung dieser kindlichen Bedürfnisse verspricht, andererseits aber selbst das Gleiche vom Partner erwartet. So wird das Spiel, das einst als Tanz der Hormone zum Zwecke der Weitergabe des Lebens begann, früher oder später zum Spiel „Du hast nicht oder gibst mir nicht, was ich brauche". Erwartungen, Ansprüche und Vorwürfe treten an die Stelle von lust- und liebevollem, freiwilligem und freiem Geben und Nehmen.

Zum Beispiel erwarten wir vom Partner, dass er uns versteht. Dieses Gefühl gehört eigentlich zur Mutter, es ist das, was das Kind von der Mutter möchte, wenn es zum Beispiel Hunger hat und schreit. Die Mutter hat es aber oft nicht verstanden, war nicht da, ist nicht darauf eingegangen, war gestresst und fühlte sich überfordert, hat geglaubt, sie müsse ihm einen Essensrhythmus anerziehen, oder hat es einfach nur missverstanden. Später ist sie dann ebenfalls vielleicht Erziehungsvorstellungen gefolgt, die zu ihrer Zeit als das Beste für das Kind galten, und hat deshalb dessen Bedürfnisse ignoriert, oder sie war mit eigenen Problemen so belastet, dass sie nicht hingehört und nicht bemerkt hat, was das Kind wollte.

Das Kind zieht sich innerlich zurück und lernt: Wenn ich meine Bedürfnisse zeige, werde ich nicht verstanden, nicht wahrgenommen, zurückgewiesen oder sonstwie enttäuscht. Wenn ich sie zurückhalte, bin ich sicher vor Enttäuschungen. Dann verliebt es sich zwei Jahrzehnte später in einen fremden Menschen, und beide beginnen vorsichtig, sich einander zu zeigen und zu öffnen. Zuerst körperlich, dann auch seelisch. Manche, besonders Frauen, brauchen zuerst eine gewisse seelische Öffnung, bevor sie sich auf körperliche Nähe einlassen können, aber die tiefe seelische Beziehung folgt immer nach der körperlichen. Und mit der Zeit wagen sich vielleicht lange verschüttete Bedürfnisse nach draußen, und beide kommen in die seelische Situation des kleinen Kindes, das der Mutter hilflos ausgeliefert war.

Jetzt nimmt, ohne dass man es merkt, der Partner die Stelle der Mutter ein: Er kann, wie die Mutter, erfüllen und versagen, und alle Zufriedenheit, alles Wohlbefinden und Glück hängt von ihm oder ihr ab. Und wenn er dann einmal versagt oder missversteht, nicht will oder nicht kann oder eigene, andere Bedürfnisse hat, taucht die Verletztheit des Kindes wieder auf. Das ist keine Frage des Geschlechtes, auch Männer übernehmen für ihre Frauen im Emotionalen oft die Mutterrolle.

Je intimer eine Beziehung wird, je mehr das Paar sich einander öffnet, umso mehr erfährt der Einzelne die ursprüngliche Situation des hilflosen, ausgelieferten Kindes, und umso größer ist die Versuchung, im anderen die Mutter zu sehen und ihn mit kindlichen Ansprüchen zu überfordern. Denn es ist eine Überforderung. Der Partner kann diese Ansprüche nie erfüllen, sie sind ein Fass ohne Boden. Denn er oder sie ist nicht die Mutter, und was er auch immer tut, es ist nicht richtig, es genügt nicht. Einen Boden kann dieses Fass nur bekommen, indem man sich mit den Eltern und seiner Kindheit aussöhnt, so, wie sie war. Dazu komme ich später.

Er muss sie auch nicht erfüllen. Es ist wichtig, das zu verstehen und zu verinnerlichen: Der Partner muss nicht meine Bedürfnisse erfüllen. Er darf nein sagen. Ich habe keinen Anspruch auf ihn, keinen Anspruch auf sein Ja. Das heißt aber nicht, dass ich keine Bedürfnisse haben oder sie nicht zeigen darf. Das wäre der Tod der Beziehung. Mann und Frau finden ja deshalb zueinander, weil sie einander bedürfen, weil sie sich brauchen und durch die gegenseitige Erfüllung ihrer Bedürfnisse ergänzen und vervollständigen. Gerade in unserer Bedürftigkeit sind wir menschlich, und gerade in unserer Bedürftigkeit bekommt die Beziehung einen Sinn. Aber das heißt nicht, dass der andere sie erfüllen muss. Bedürfnisse begründen keinen Anspruch!

Ansprüche sind kindlich, Bedürfnisse sind menschlich. Wir gehen erwachsen damit um, wenn wir zu ihnen stehen, ohne ihre Befriedigung durch andere zu erwarten und einzufordern. Wenn sie erfüllt werden, ist dies immer ein Geschenk. Viele trauen sich nicht, ihre Bedürfnisse wirklich zu zeigen, weil sie Angst vor Ablehnung haben. Meist hat diese Angst nichts mit der Partnerschaft zu tun, sondern stammt aus früheren Erfahrungen – seien es Kindheitserfahrungen oder solche mit früheren Partnern. Dann hält man sie entweder zurück, oder man bringt sie in aggressiver Form, als Anspruch oder Forderung oder Klage („Du könntest eigentlich mal… ", „Du nimmst mich nie in den Arm") vor, mit dem vorhersehbaren Ergebnis, dass der andere sich verweigert. Was man übrigens insgeheim oft auch möchte, denn wenn er es tatsächlich täte, entfiele ein Grund zur Klage. Und viele sind lieber unglückliche Opfer als glückliche Täter – aber das ist ein anderes Thema.

Spüren Sie mal nach: Nehmen wir an, Sie möchten von ihrem Mann in den Arm genommen werden oder haben einen Wunsch an Ihre Frau – was fällt Ihnen leichter: Es auf die obige Weise auszudrücken oder schlicht zu sagen: „Nimmst du mich bitte mal in den Arm?", „Darf ich mich mal bei dir anlehnen?" „Ich würde mich freuen, wenn du … für mich tust."?

Es ist also durchaus wichtig, seine Bedürfnisse zu zeigen

und äußern zu dürfen, ich muss in einer Beziehung sagen oder zeigen dürfen, was ich möchte und was mir wichtig ist, aber der andere ist frei, nein zu sagen. Und ich muss ihm in der Art und Weise, wie ich mein Bedürfnis oder meine Wünsche äußere, spürbar machen, dass er auch nein sagen darf. Sonst wäre er ein Sklave, und das tötet jede Beziehung. Letztlich muss also jeder den Mut zur Enttäuschung aufbringen, und zwar sowohl den Mut, enttäuscht zu werden, als auch den Mut zu enttäuschen. Dann ist man auf sich selbst zurückgeworfen. Wenn man das akzeptiert und praktiziert, beginnt das eigene Wachstum.

Die Paarbeziehung bietet aber auch die einmalige Chance, seine Bedürfnisse zu erkunden und zu entdecken. Die Liebe öffnet dafür den Raum und gibt den notwendigen Schutz. In der Bedürftigkeit sind wir nämlich nackt und ungeschützt, deshalb geben wir uns im öffentlichen Raum lieber „cool", das heißt, wir geben vor, keine Bedürfnisse zu haben, über all diesem Gefühlskram drüber zu stehen. Das ist aber keine Basis für eine Beziehung, sie macht dann keinen Sinn. Das Vertrauen und die Intimität, die durch die Liebe geschaffen wird, sollte die notwendige Sicherheit geben, um diese Maske fallen lassen zu können.

Oft ist es allerdings keine Maske, die man nach Belieben auf- und absetzen könnte, sondern ein scheinbar fester Bestandteil unserer Persönlichkeit. Es fällt uns schwer, uns anders als cool oder überlegen zu geben – oder noch schwerer: Wir kennen es gar nicht anders, wir wissen nicht, was wir uns eigentlich wünschen, wir kennen unsere wahren Bedürfnisse gar nicht. Hier bietet eine liebevolle und achtungsvolle Beziehung alles, um dem eigenen Wünschen, Begehren und Verlangen auf die Spur zu kommen und es nach außen zu bringen – auch wenn es dann nicht immer (in der Beziehung) erfüllt wird (und werden kann).

Eine Nebenbemerkung scheint mir wichtig. Viele Menschen verbinden die Suche nach Liebe und einer erfüllenden Beziehung mit einer spirituellen Suche. Nun propagieren die meisten spirituellen Traditionen und Wege die Idee der Bedürfnislosigkeit, der Überwindung der Wünsche. Ich bewerte das nicht, aber in Bezug auf die Beziehung liegt hier ein Konflikt. Wer seine Bedürfnisse zu überwinden trachtet, verlässt innerlich die Beziehung.

Ich denke an einen Mann, der ein Experiment mit „Lichtnahrung" machte. Das heißt, er hat sich drei Monate lang nur „von Licht ernährt" (so jedenfalls die Theorie), er hat – und das nicht nur in der Theorie, sondern tatsächlich – nichts gegessen und, nach drei Wochen, lediglich etwas Wasser und Obstsaft getrunken. Wie das möglich ist, kann ich nicht erklären, aber ein befreundeter Arzt, der das Ganze für medizinisch unmöglich hielt, hat ihn begleitet und bestätigt, dass alles mit rechten Dingen zuging. Der Mann hat auch nur anfangs abgenommen, dann hat sich das Gewicht stabilisiert, und er war kerngesund und so energiegeladen, dass er täglich nur drei Stunden Schlaf brauchte. Er kam dann zu mir, weil seine Frau sich in dieser Zeit einen anderen Mann genommen hatte. In der Aufstellung zeigte sich, dass die Lichtnahrung der Auslöser dazu war. Die Frau (die ja auch das Materielle, die Erde repräsentiert) wurde nicht mehr gebraucht.

Unsere Bedürfnisse lassen uns am Leben teilhaben, sie verbinden uns mit der Erde (und damit auch mit anderen Menschen). Durch sie stehen wir im Austausch mit der Erde, und je tiefer wir unsere Bedürfnisse erfahren, ihnen zustimmen und sie leben, umso umfassender leben wir, umso tiefer tauchen wir in dieses Leben ein. Wenn wir uns in Bedürfnislosigkeit üben, entfernen wir uns von der Erde und auch von unseren Mitmenschen. Wer sich selbst genügt, mag zwar auf diese Weise auch zu Zufriedenheit und Glück gelangen, aber er entzieht sich dem Austausch und verliert damit seine Bindungsfähigkeit. Er schwebt sozusagen über den anderen. Die Liebe ist also nicht das, was sie zunächst zu sein scheint, und eine Beziehung bringt nicht das, was die meisten sich von ihr versprechen – vor allem nicht die Erfüllung kindlicher Bedürfnisse, Sehnsüchte und Ansprüche. Liebe und Beziehung sind, beinhalten und fordern viel mehr. Sie geben viel, aber sie nehmen auch viel. Und sie geben dem am meisten, der selbst am meisten gibt.

Eifersucht

Es gibt kaum eine Beziehung ohne Eifersucht. Meistens bleibt sie latent, kommt dann bei dem einen oder anderen kleineren Anlass gelegentlich hervor und zieht sich wieder zurück, wenn die Sache sich als nicht so schlimm erweist, aber wenn es ernst wird, wenn der andere ein größeres Interesse an jemand anders hat oder eine sexuelle Begegnung oder sich sogar verliebt, dann schlägt sie richtig zu. Wie kann man damit umgehen?

Um die Frage zu beantworten, stelle ich sie zunächst anders: Was bedeutet Eifersucht, was verbirgt sich in diesem Gefühl, das so weh tut und einen wie besessen machen kann? Mir fallen dazu fünf Sätze ein, die allesamt innere Themen berühren, die ziemlich schmerzhaft für uns sind und die wir deshalb gerne schützen. Die Eifersucht dient der Abwehr dieses Schmerzes und der Abwehr der Konfrontation mit diesen eigenen Themen.

Der erste Satz lautet: Die andere oder der andere ist besser als ich, wichtiger als ich. Er/sie hat etwas, was ich nicht habe.

Hier geht es um den Selbstwert. Unser Selbstbewusstsein und das Gefühl, etwas wert zu sein, entnehmen wir zunächst der Bestätigung durch andere. Das ist ganz normal, denn wir sind soziale Wesen und erfahren uns selbst erst im Austausch und in der Begegnung mit anderen. Indem ich erfahre, dass andere mich mögen, mich oder das, was ich tue, gut finden, mich anderen vorziehen, fühle ich mich bestätigt. Die größte Bestätigung ist, wenn jemand mir seine Liebe zeigt und gibt. Daraus erwächst das Gefühl, dass ich etwas wert bin. Wenn sich nun meine Frau oder mein Mann in jemand anderen verliebt, heißt das, dass der/die andere mehr wert ist. Er ist zwar nicht wirklich mehr wert, aber es fühlt sich so an. Es genügt, dass er für meinen Partner etwas hat, was diesen anzieht und mir selbst damit das Gefühl der Einzigartigkeit und Unersetzlichkeit nimmt. Das tut weh, und zwar umso mehr, je unsicherer ich in meinem Selbstwertgefühl bin. Wir werden mit kindlichen Gefühlen konfrontiert, wo die Mutter sich einem Geschwister mehr zugewendet hat als uns selbst oder sich mit dem Vater ins Bett gelegt und uns ausgesperrt hat oder ähnlichen Geschichten. Wir müssen sehen, dass sich die Welt nicht nur um uns dreht. Tatsächlich dreht sie sich überhaupt nicht um uns, aber das wollen wir nicht sehen. Eifersucht heißt also auch: Ich will im Mittelpunkt stehen!

Der zweite Satz lautet: Ich werde verlassen.

Das ist die Angst vor dem Alleinsein. Es ist aber ein besonderes Alleinsein, um das es hier geht. Denn wir waren ja auch allein (oder zumindest ohne unseren Partner), bevor wir unseren Partner kennengelernt haben. Wenn es also nur um die mögliche Trennung von ihm ginge, nur darum, dass er ein paar Stunden oder eine Nacht oder wie viel Zeit auch immer mit jemand anderem verbringt, dann würde uns dies nicht stören – wir waren ja auch ohne ihn, bevor wir mit ihm eine Beziehung begonnen haben. Es geht also nicht wirklich um ihn. Es geht um die Mutter! Es ist das kindliche Gefühl des Mutterverlustes, was uns solche Panik oder Wut oder Verzweiflung bereitet. Das Gefühl, ohne den anderen nicht leben zu können oder zumindest in ein tiefes Loch zu stürzen, ist die Angst des Kindes, die Mutter zu verlieren und damit verloren zu sein in dieser Welt.

Der dritte Satz lautet: Ich verliere etwas, was mir sehr wichtig ist.

Das ist eine Variante des Verlassenwerdens, des Verlustes der Mutter, aber es geht über die Person hinaus. Mit diesem Menschen erfahre ich Dinge, die ich mit anderen so nicht erfahren habe, zum Beispiel guten Sex, Wärme und Zärtlichkeit, geistige Anregung und Verstehen, Freude und vieles andere. Er/sie bereichert mein Leben. Das alles scheint gefährdet, wenn er sich jemand anderem zuwendet. Ich begegne meiner Abhängigkeit und meiner Hilflosigkeit, zwei weiteren Kindergefühlen. Eifersucht heißt also auch: Ich will immer behalten, was ich habe, ich habe ein Anrecht darauf, und ich will nicht einsehen, dass ich abhängig und hilflos bin. Es geht also auch um Macht und Kontrolle.

Der vierte Satz lautet: Er/sie erlaubt sich etwas, was ich mir versage, oder tut etwas, was ich nicht tun kann oder will.

Das tut besonders dann furchtbar weh, wenn man selbst auch mal gerne von Nachbars Kirschen genascht hätte, sich dies aber nicht erlaubt hat und ein braves Mädchen oder ein braver Junge geblieben ist. Oder auch dann, wenn der eine Möglichkeiten hat, die der andere nicht hat, und diese dann nutzt. Selbst wenn beide sich gegenseitige sexuelle Freiheit erlauben und der eine verliebt sich dann richtig, taucht an diesem Punkt die Eifersucht mit Macht auf. Damit entsteht auch das Gefühl, das ich in meinem fünften und letzten Satz nennen möchte:

Der fünfte Satz lautet: Ich werde betrogen.

Ich war loyal, habe mich an die Regeln gehalten, sie/er nicht. Das ist Betrug. Die Idee des Betruges stützt sich darauf, dass die Liebe ein Versprechen ist, ausschließlich den Partner zu lieben, und dass dies in der Ehe amtlich wird. Das ist zwar die gesellschaftliche Konstruktion und auch das, was wir Anfangs vielleicht ganz aufrichtig empfinden und daher versprechen, aber es entspricht nicht der Liebe, weil sie weder machbar noch kontrollierbar ist. Wir können sie nur töten, aber dann ersteht sie vielleicht mit jemand anderem wieder auf. Bei Männern mischt sich hier noch etwas anderes mit hinein, was ausnahmsweise nicht kindlich ist: Die Angst, dass die Frau ihm ein Kind unterschiebt, das er ernähren muss, ohne dass es sein eigenes Kind ist. Diese Befürchtung ist real und begründet, deshalb versucht er, die Frau zu kontrollieren. Im Ganzen gesehen gleicht sich dies jedoch wieder aus, da andere Männer dann wieder die Kinder der so betrogenen Männer versorgen.

Es ließen sich sicher noch andere Sätze finden, die sich in dem Gefühl der Eifersucht verbinden und uns in einen Strudel aus Wut, Misstrauen, Hilflosigkeit und Angst reißen. Gemeinsam ist ihnen allen, dass es sich um Kindergefühle handelt. Sie bringen Wunden und Ängste ans Licht, die wir seit Kindesbeinen in uns verschlossen haben. Meistens geht es dabei um die Mutter und unsere Angst, sie zu verlieren, manchmal, vor allem bei Frauen, auch um den Vater und den Wunsch, ihm nah zu sein. Für das Kind waren diese Gefühle real, das heißt, der Verlust der Mutter bedrohte

wirklich seine Existenz, für den Erwachsenen sind sie ima-
ginär und irreal. Jedes einzelne dieser Gefühle zeigt uns
etwas, wo wir in einem kindlichen Bewusstsein verharren
und auch darauf beharren, dass die Welt sich unserem
Wunsch zu beugen hat; etwas, was wirklich ist, was wir
aber nicht wahrhaben wollen; etwas, was uns zum Erwachsensein fehlt.

Zurück zu der Frage vom Anfang dieses Kapitels: Wie
soll man damit umgehen? Was können wir tun mit der
Eifersucht oder gegen sie? Nichts. Ignorieren, unter-
drücken, akzeptieren – nichts davon hilft uns, sie loszuwer-
den oder zu überwinden. Das Herausschreien und Ausagieren führt natürlich auch nicht weit, aber es ist sicher
besser, als sich einzureden, man wäre nicht eifersüchtig.
Immerhin gebe ich im Ausagieren zu, dass ich eifersüchtig
bin. Dass die Eifersucht sich zeigen darf, ist die erste Voraussetzung dafür, dass sie heilen kann. Wenn der richtige
Punkt getroffen ist, ist jeder eifersüchtig – es sei denn, er ist
bereits durch diese Schmerzen hindurchgegangen und hat
sie dadurch wirklich hinter sich gelassen. Das ist aber
höchst selten der Fall, und auch dann kann in einer neuen
Situation oder einer neuen Liebe etwas auftauchen, was
man bisher noch nicht gefühlt hat und was genauso
schmerzt wie damals. Man könnte aber schnell wieder ins
Gleichgewicht kommen, da man jetzt weiß, wie man sich
zu solchen Schmerzen zu verhalten hat, nämlich: sie wahrnehmen, anschauen und fühlen. Das ist alles, was wir mit
unserer Eifersucht tun können, zumindest das einzige, was
uns wirklich hilft, über sie hinauszuwachsen: sie wahrnehmen, anschauen und fühlen, so tief und umfassend wie
möglich. Und dabei den Schmerz als etwas Eigenes
nehmen, etwas, was durch den Partner zwar ausgelöst wird,

aber dennoch ganz zu uns gehört und schon lange in uns drin ist. Wenn wir es jetzt anschauen, kann es heilen. Wenn wir es verdrängen oder den anderen dafür verantwortlich machen, wird die Wunde bleiben, auch wenn wir uns trennen oder unser Partner seine Außenbeziehung beendet und sich der Schmerz wieder zurückzieht. Beim nächsten Mal wird er umso heftiger wiederkommen.

Sich dem Schmerz stellen und ihn als etwas Eigenes nehmen, heißt nicht, mit dem Partner nicht darüber zu sprechen. Man darf ihm seine Eifersucht durchaus zumuten, und er soll wissen, was sein Verhalten ihn einem auslöst. Dies gilt zumindest dann, wenn es einen wirklichen Anlass dafür gibt. Derjenige, der sich einem anderen zuwendet, muss es aushalten, dass sein Handeln seinem Partner nicht egal ist und ihm vielleicht große Schmerzen bereitet. Das zeigt ja, jenseits der Besitzansprüche, auch an, dass man dem anderen wichtig ist. Wo allerdings die Eifersucht immer da ist und allein von der Vorstellung lebt, dass der Partner sich jemand anderem zuwenden könnte, sollte man sich besser einem Therapeuten zuwenden als dem Partner damit – ausgesprochen oder unausgesprochen – ständig auf die Nerven zu gehen.

Grenzen des Verstehens

Alle Frauen wissen, dass ein Mann sie nicht verstehen kann. Als ich bei einem Vortrag einmal sagte: „Die Männer werden die Frauen nie verstehen", schauten mich alle Frauen – sie machten drei Viertel des Publikums aus – zustimmend an. So viel Verständnis von einem Mann tat ihnen sichtbar wohl. Ich habe dann eine kleine Pause gemacht – und bin fortgefahren: „ … und die Frauen verstehen die Männer natürlich auch nicht!" Sofort änderten sich die gerade noch sehr zufriedenen Mienen, und einige wurden ganz unruhig und wollten protestieren.

Vielleicht meinen Frauen, weil sie Mütter sind und die Männer einst aufgezogen haben, sie würden sie besser verstehen als umgekehrt. Sie mögen ein großes Herz für ihre Söhne haben, sie mögen Verständnis für all deren Dummheiten aufbringen, aber das heißt nicht, dass sie den Mann verstehen. Das Männliche – auch das Männliche in ihrem Sohn – bleibt für die Frau genauso eine andere Welt wie das Weibliche für den Mann.

Je tiefer man in eine Beziehung hineingeht, umso deutlicher wird, dass jeder ein Universum für sich ist. Und dieses Universum, dieses Mysterium kann ich nicht verstehen. Ich kann es nur achten und, vielleicht, lieben. Das ist eine große Herausforderung an unsere rationalistische Weltsicht. Wir glauben, alles verstehen zu müssen und zu können, wir wollen das Geheimnis nicht gelten lassen. In der Beziehung stoßen wir aber darauf, dass der andere ein Geheimnis ist und bleibt. Viele Kämpfe in einer Beziehung wären überflüssig, wenn wir dies anerkennen und vor dem Geheimnis staunend stehen bleiben würden. Anfangs haben wir das getan: Wir haben staunend angehalten vor dem anderen, gerade das andere, das Unbekannte an ihm oder ihr hat uns fasziniert. Wenn man dann aber dauernd zusammen ist, werden die Unterschiede zunehmend problematisch. Er fährt gerne schnell Auto, sie hat Angst davor; er schaut gerne Fußball, sie will den Liebesfilm sehen; er hat abends gerne seine Ruhe, sie will reden; er ist am liebsten mit ihr allein, sie will auf Partys gehen … Es dauert nicht lange, und sie beginnen, sich gegenseitig zu erziehen.

Dabei ist es paradoxerweise genau das, was einen am anderen anfangs am meisten fasziniert hat (weil es so anders war als das, was man kannte), was später zum Konflikt führt. Dann wird das, was am anderen anders ist, entweder abgewertet oder man versucht, es zu verstehen, hinter das Geheimnis zu kommen. Man „arbeitet an der Beziehung", anstatt den anderen einfach zu nehmen, wie er ist. Das einzig Gute, was bei dieser Arbeit herauskommen kann, ist die Einsicht, dass sie nichts bringt.

Diese Einsicht darf man jedoch nicht mit Resignation oder Kapitulation verwechseln. Wenn man also sagt: „Es hat sowieso keinen Zweck, die Männer sind einfach blöde" oder „Sie wird es nie lernen, es ist zwecklos", ist nichts gewonnen. Der Kampf geht heimlich weiter, denn Resignation ist nur eine Pause im Kampf. Einsicht heißt, ich stimme zu, dass der andere ein Geheimnis bleibt, ich halte staunend vor dem Geheimnis des Weiblichen oder des Männlichen an und lasse es auf mich wirken. Und ich stimme zu, dass ich ihn oder sie trotzdem liebe. Dann verwandelt mich die Liebe, da fängt sie eigentlich erst richtig an. Wenn man das versteht, dann wird man transformiert, dann wird man durch eine Beziehung innerlich gewandelt. Das ist die Wachstumsdynamik, die in einer Beziehung steckt.

Verständigung statt verstehen

Die Kommunikation und das Gespräch sind damit aber nicht überflüssig. Es gibt viele Dinge des Alltags, über die man sich verständigen kann und muss, und es gibt viele Erfahrungen, Eindrücke und Erlebnisse, die man einander mitteilen und so miteinander teilen kann. Aber der andere wird diese Erfahrungen auf eine andere Weise einordnen und bewerten als ich, in seinem Kontext bedeuten sie nicht dasselbe wie in meinem. Da sollte dann die Diskussion enden. Mitteilung ja, Diskussion nein.

Praktische Verständigung bedeutet, dass ich den anderen nicht verstehen und dass ich seine Sicht nicht teilen muss. Wenn die verschiedenen Auffassungen und Einstellungen auf dem Tisch sind, wenn klar ist, dass der eine Angst vor Hunden hat und der andere Hunde liebt, kann man einen Weg finden, der beiden gerecht wird, ohne dass man das Hundethema und die Angst durchdiskutiert und unbedingt verstehen will, warum dies so ist. Es ist so, man ist verschieden, denkt verschieden, fühlt verschieden, urteilt verschieden – wenn man dies sieht und anerkennt, sind meistens praktische Lösungen möglich.

Das gilt auch für Konflikte. Die Dinge müssen auf den Tisch, man muss aussprechen dürfen, was einem auf dem Herzen liegt, aber es muss nicht (darf nicht) darüber diskutiert werden. In einer Beziehung sollte jeder ohne Angst dem anderen sagen können, was ihm wichtig ist oder was ihm weh tut. Dabei darf und muss man den anderen aber nicht angreifen. Man bleibt bei sich, teilt mit, was ist, ohne Anklage und ohne Anspruch. Es mag sein, dass der andere dies nicht hören mag, dass er sich missverstanden, nicht richtig gesehen, beobachtet oder belehrt fühlt. Aber das muss er aushalten. Wenn man sich dem anderen nicht mehr mitteilen darf, weil dieser das als Angriff empfindet, wird die Kluft zu groß. Dann driften beide auseinander, dann will man den anderen nicht mehr wahrnehmen, um die eigene Persönlichkeit und ihre Empfindsamkeiten zu schützen.

Ich bringe ein Beispiel. Ein Mann lässt seine schmutzige

Wäsche im Bad einfach auf dem Boden liegen, anstatt sie in den dafür vorgesehenen Behälter zu werfen. Der Frau passt das nicht, aber sie räumt die Wäsche trotzdem weg und ärgert sich dabei. Sie sagt erstmal nichts, aber irgendwann, bei einem anderen Konflikt, platzt es aus ihr heraus: „Und deine Wäsche könntest du auch mal in den Wäschekorb werfen anstatt auf den Boden, das ist nicht nur schlampig, sondern auch unverschämt mir gegenüber."

Wird er etwas ändern? Kaum – und wenn, dann mit Ärger im Bauch. Da er angegriffen wurde und sie versucht hat, ihm ein schlechtes Gewissen zu machen, wird er sich wahrscheinlich verteidigen, indem er ihr nun seinerseits einen Vorwurf macht über etwas, was sie falsch gemacht hat. Soll sie schweigend leiden? Nein. Sie könnte zum Beispiel sagen: „Ich möchte nicht, dass du deine Wäsche einfach liegen lässt, ich fühle mich dann nicht geachtet." Punkt. Keine weitere Diskussion, keine weitere Erklärung. Wenn es nicht wirkt, könnte sie später einen draufsetzen: „Wenn du deine Wäsche weiter auf den Boden schmeißt, wasche ich sie nicht mehr." Besser wäre es allerdings, wenn sie sagte: „Du darfst deine Wäsche ruhig weiter auf den Boden werfen, sie wird dann aber nicht mehr gewaschen." Oder sie sagt gar nichts, legt die Sachen beiseite und lässt sie einfach liegen. Wenn er dann nach seinen gewaschenen Hemden fragt, könnte sie ihm sagen, dass sie nur die Sachen wäscht, die im Wäschekorb liegen. Das müsste sie dann aber auch tun.

Es gibt also viele Möglichkeiten. Sie alle setzen, wenn sie funktionieren sollen, voraus, dass man handelt anstatt anzuklagen, Vorwürfe zu machen, zu predigen und zu erziehen. Dagegen wehrt sich jeder, offen oder versteckt.

Verletztheit

Nun könnte es jedoch sein, dass sie das nicht so leicht kann, dieses praktische, lösungsorientierte Handeln ohne Vorwurf; dass sie sich so verletzt fühlt durch seine Unachtsamkeit, dass sie meint, ihn unbedingt ändern zu müssen, weil sie es sonst nicht mehr mit ihm aushalten kann. Tatsächlich tauchen in jeder Beziehung mit der Zeit Konfliktpunkte auf, bei denen es sich so verhält. Das muss nicht die weggeworfene Wäsche sein, das können auch schwerwiegendere Probleme sein. Der Anlass ist jedoch nebensächlich – für jeden ist das Thema am schlimmsten, das ihn gerade verletzt. Bei solchen Gefühlen der Verletztheit steckt immer eine alte Geschichte dahinter, die mit der Beziehung nichts zu tun hat. Um es ganz klar zu sagen: Wenn Sie sich verletzt fühlen wegen etwas, was ein anderer sagt oder tut, dann hat er etwas Wahres gesagt oder etwas getan, was eine alte Wunde in Ihnen berührt. Das Alte muss nicht aus der eigenen Lebensgeschichte stammen, es kann, wie die Familienaufstellungen eindrucksvoll zeigen, auch ein übernommenes Gefühl aus der Familiengeschichte sein.

Wenn die Frau bei unserem Wäschebeispiel sich durch die Schludrigkeit des Mannes so verletzt fühlt, dass sie nicht pragmatisch handeln kann, könnte es zum Beispiel sein, dass ihre Großmutter von ihrem Mann durch ähnliche Verhaltensweisen gezielt gedemütigt wurde, ohne sich wehren zu können. Dann bleibt dieser Schmerz in der Familie, wird von Tochter oder Enkelin unbewusst aufgegriffen und auf den eigenen Mann übertragen, obwohl der ihr damit nicht weh tun will, sondern nur von seiner Mutter so verwöhnt wurde, dass er sich gar nichts dabei denkt, die Wäsche einfach fallen zu lassen.

Dennoch wird es weder etwas bringen, mit ihm zu diskutieren, damit er sie versteht (er wird sie nicht verstehen, seine Mutter hat doch auch immer alles weggeräumt – wo ist da das Problem?), noch wird sie ihn erziehen können. Er wird allenfalls klein beigeben und sich an anderer Stelle schadlos halten. Und er wird ihr seinerseits Vorwürfe machen, denn sie ist auch nicht perfekt – oder?

Weder Vorwürfe noch rationale Argumente werden etwas anderes bringen als Streit, denn es ist kein rationales Thema. Selbst bei scheinbar völlig rationalen Themen in einer Beziehung stecken hoch emotionale Dinge dahinter, sobald es darüber zum Konflikt kommt. Jede Diskussion um die Sache bewegt sich daher auf einer Ebene, um die es im Innern der Beteiligten (oder eines Beteiligten) gar nicht geht. Dort geht es um alte Wunden, von denen man meistens noch nicht einmal etwas weiß. Das Gefühl der Verletztheit weist immer auf etwas Eigenes hin, auf eine verdrängte Wahrheit, die Sie nicht sehen wollen. Nur deshalb tut es weh. Ansonsten kann Ihnen jemand anders seelisch nicht wehtun.

Einer Frau, die das nicht glauben wollte, habe ich gesagt: „Okay, dann sage ich dir jetzt einmal etwas sehr Hässliches. Darf ich?"

Sie: „Ja."

Ich: „Deine Mutter ist eine Hure."

Sie, lachend: „Das macht mir nichts, damit kannst du mich nicht verletzen."

Ich: „Eben! Weil du genau weißt, das es nicht stimmt. Wenn du es aber nicht genau wüsstest, wenn dir selbst schon der Gedanke gekommen wäre, den ich gerade ausgesprochen habe, dann wärst du jetzt sehr verletzt – es sei denn, du wüsstest, dass es stimmt, und hättest dem – also dass die Mutter eine Hure ist oder war – ganz zugestimmt. Und andersherum: Wenn du jetzt verletzt wärest, wäre an meiner Aussage etwas Wahres dran, und zwar etwas, was du auf keinen Fall wahrhaben möchtest."

Weil es immer um etwas Eigenes geht, wenn jemand anders Sie „verletzt", und zwar um etwas, was verdrängt ist und gerade ans Licht kommen möchte (deshalb hat es der andere nämlich, natürlich ohne dies zu wissen, gesagt), weichen Sie der Sache aus, wenn Sie dem anderen vorwerfen, dass er Sie verletzt hat oder Sie sich verletzt fühlen. Stattdessen sollte man die Gelegenheit nutzen, nach innen zu gehen und den Schmerz zu fühlen, ohne ihn dem anderen anzulasten.

Selbsterfahrungs- und Therapieprofis sind bei diesem Thema (wie bei vielen anderen auch) oft ziemlich trickreich. Da sie gelernt haben, dass die Aussage „Du hast mich verletzt" nicht stimmt, sagen sie „Ich fühle mich verletzt." Damit übernehmen sie grammatikalisch die Verantwortung – es ist ja nicht „du", der verletzt hat, sondern „ich". Wie immer in der Kommunikation kommt es aber nicht auf die Worte an, sondern auf den Ton. Denn auch Sätze wie „Ich fühle mich verletzt" oder „Das tut mir weh" können Waffen sein, wenn darin die stille Anklage mitschwingt: „Und du bist schuld daran." Wirklich wahrhaftig sind solche Aussagen nur, wenn sie nach innen gesprochen werden, also an sich selbst gerichtet sind, und dem anderen vielleicht noch einen Hinweis liefern, warum ich mich jetzt zurückziehe – nämlich um meinem eigenen Schmerz nachzuspüren. Der Partner kann diesen Prozess unterstützen, indem er sich ebenfalls zurückzieht und darauf verzichtet, seine verletzende Aussage zu erklären oder zu rechtfertigen.

Sich mitteilen statt diskutieren

Das heißt nicht, dass es nicht sinnvoll wäre, sich gegenseitig die jeweilige Sicht mitzuteilen. Der andere sollte sie kennen. Dadurch lernt man etwas über einander. Man lernt, wie er oder sie die Dinge sieht. Daraus resultiert auch eine Art Verstehen, das Verstehen des Andersseins. Das bringt Frieden.

Es gibt dafür ein sehr gutes Verfahren, das allerdings große Disziplin erfordert: Bei einem Konflikt hat jeder die Möglichkeit, seine Gefühle und seine Sicht der Dinge mitzuteilen. Er muss dabei aber bei sich bleiben, er muss darauf verzichten, das Verhalten des anderen zu interpretieren und zu beurteilen. Er berichtet nur, was es bei ihm selbst ausgelöst hat, wie er sich fühlt, wie es ihm geht. Man muss auf jeden Vorwurf, jede Anklage, jede Interpretation und Analyse des Verhaltens des Partners verzichten. Beide haben die gleiche Zeit, sich auf diese Weise mitzuteilen, und während der eine redet, hört der andere nur zu. Und das, was gesagt wurde, darf nicht kommentiert werden.

Wenn der eine fertig ist, redet der andere, und zwar ohne auf das, was der Partner gesagt hat, einzugehen. Auch er bleibt ganz bei sich. Danach geht man auseinander, man darf nicht über das Gesagte diskutieren. Dann wirkt es.

Dann taucht vielleicht aus der Tiefe ein sehr mächtiges Gefühl auf – es ist fast immer Trauer –, das man vermeiden wollte, indem man den Partner anklagt. Dieses wirkliche, tiefe Gefühl wird durch die Gefühle der Verletztheit, der Hilflosigkeit, des Ärgers und der Wut überlagert. All diese Gefühle dienen nur dazu, das eigentliche Gefühl – die Trauer und/oder die Liebe – nicht fühlen zu müssen.

Deshalb muss man darauf verzichten, sie auszuagieren.

Nur dann kommt die Trauer ans Licht. Sobald sie am Licht ist, heilt etwas in der Seele, und das Gefühl der Verletztheit schwindet. Dann ist man fähig, in der Gegenwart zu handeln. Zum Beispiel zu sagen: „Lege bitte deine Wäsche selbst in den Wäschekorb" (ohne den vorwurfsvollen Zusatz „Ich muss das schließlich auch tun" oder etwas Ähnliches). Und das funktioniert dann meist auch, denn dagegen muss er sich nicht wehren. Aber gegen Vorwürfe und erzieherische Attacken wird sich jeder wehren.

Sich anschauen

Eine andere gute Übung ist das Schweigen und das Hinschauen. Der alte Lehrsatz „Reden ist Silber, Schweigen ist Gold" hat in unserer wortlastigen Kommunikationskultur mehr Bedeutung als je zuvor. Es gibt allerdings zwei Arten des Schweigens: ein Totschweigen, ein verdrängendes Schweigen, und ein zugewandtes, offenes, hinschauendes Schweigen. Wenn Sie sich selbst und andere in einer emotionalen Auseinandersetzung genau beobachten, werden Sie feststellen, dass sich die Kontrahenten fast nie anschauen. Wenn einer den anderen ausnahmsweise einmal anblickt, will er ihn mit seinen Blicken bezwingen. Dann sieht er ihn aber nicht, sondern hat nur sich selbst und sein Vorhaben im Blick. Wenn wir den anderen wirklich anschauen, verstummen wir meist sofort. Im Kopf breitet sich Verwirrung aus, wir wissen nicht mehr, was wir sagen wollten. Deshalb schauen Paare, wenn sie sich streiten, aneinander vorbei. Wer redet, schaut auf den Boden, an die Decke, auf seine Hände – irgendwo hin, aber nur nicht in die Augen des Partners.

Wenn er den anderen wirklich anschaut, muss er innehalten. Und der andere schaut ebenfalls weg und hört nicht zu, sondern formuliert im Geiste schon seine Erwiderung, während sein Partner noch redet.

Was spielt sich da ab, wo schaut man da hin? Man schaut auf einen inneren Film, man bewegt sich in der Vergangenheit. Deshalb die Momente der Verwirrung, wenn man den anderen anschaut: Der Film bekommt einen Riss. Im Blickkontakt mit dem anderen ist man in der Gegenwart. Das ist aber das Letzte, was man in diesem Moment möchte, denn wenn man in der Gegenwart ist, hört die Wut auf, schwindet das Gefühl, der andere habe mich verletzt. Dieses Gefühl kann ich nur aufrechterhalten, wenn ich ihn nicht anschaue und innerlich nicht in Kontakt mit ihm bin. Denn es ist ein altes Gefühl. Aber da es ungeheure Macht über uns hat, ist es sehr schwer, seinem Sog zu widerstehen und den Partner offen anzuschauen. Dann könnten wir nämlich nicht weiter verletzt sein, nicht weiter böse sein und nicht weiter streiten. Der offene Blickkontakt unterbricht diesen Sog ins Alte, Vergangene, und er unterbricht auch mein Verletztheitsgefühl. Im Blickkontakt kann ich dem anderen mein Erleben ganz schlicht mitteilen, kann ihm sagen, wie ich mich gefühlt habe oder gerade fühle. Dann sollte man sich gelegentlich noch einige Sekunden, vielleicht auch mal ein, zwei Minuten Zeit nehmen, einander still anzuschauen. Nur so lange, um ein Gefühl für die Gegenwart zwischen sich zu bekommen, für das, was gerade ist. Denn die Gegenwart ist alles, was wir haben.

Die Vergangenheit ist vorbei, und die Zukunft kommt vielleicht nie. Und wenn sie doch kommt, haben wir sie nur, wenn wir gegenwärtig sind. Und wir haben unseren Partner nur, wenn wir gegenwärtig sind.

Geben und Nehmen in der Beziehung

Ich habe weiter oben das Grundverhältnis von Geben und Nehmen zwischen Männern und Frauen am Beispiel der Zeugung beschrieben. Es lautet: Der Mann gibt, die Frau nimmt. Er muss geben, ohne ans Nehmen auch nur zu denken, und sie muss nehmen, ohne ans Geben zu denken. Allein durch ihr Nehmen gibt sie. Dennoch gibt es einen Austausch und einen Ausgleich. Dieser ist aber nicht linear, nicht auf einer Ebene, kein „Gibst du mir, so geb ich dir", sondern ein Kreis: Sie nimmt und verwandelt und gibt dann etwas, was er wieder nehmen kann.

Das kann man auf die gesamte Beziehung anwenden. Ein Mann schwächt oder gefährdet eine Beziehung, wenn er nicht vorbehaltlos gibt. Eine Frau schwächt oder gefährdet sie, wenn sie nicht vorbehaltlos nimmt. Wenn also eine Beziehung in einer Krise ist, wäre es gut, wenn jeder sich fragt: Gebe ich genug bzw. nehme ich genug?

Das primäre Geben und Nehmen bezieht sich auf die Weitergabe des Lebens. Das ist ja der ursprüngliche, natürliche Zweck der Beziehung. Das bedeutet: Wenn einer der beiden kein Kind möchte, verweigert er das Geben (Mann) oder das Nehmen (Frau). Das ist für jede Beziehung eine große Belastung, und die meisten zerbrechen daran.

Wenn einer der beiden kein Kind bekommen kann, ist das schwerwiegender, als manche glauben, und zwar deshalb, weil der Ausgleich von Geben und Nehmen gestört ist. Dieser Ausgleich ist, wie ich weiter unten erläutern werde, ein Grundgesetz menschlicher Beziehungen. Wenn der Mann zeugungsunfähig ist, kann er nicht richtig geben, wenn die Frau unfruchtbar ist, kann sie nicht ganz nehmen. Damit fehlt der Ausgleich. Seine Gabe verpufft oder ihre

Bereitschaft zu nehmen bleibt unerfüllt, ohne Inhalt. Das belastet die Beziehung, ohne dass die Beteiligten oft wissen, was die Ursache dafür ist. Wenn man es weiß, kann man sich dem Thema stellen. Wenn der fruchtbare Partner dann sieht und anerkennt, dass der andere so gut gibt oder nimmt, wie er oder sie kann, und derjenige, der unfruchtbar ist, diese Anerkennung als besondere Gabe mit Liebe nehmen kann, ist eine andere Form des Ausgleichs geschaffen, die der Beziehung gut tut. Dann wird sie von einer anderen Liebe getragen als der, die sich in der Fortpflanzung manifestiert.

Die Verweigerung von Geben und Nehmen ist auch ein Grund dafür, dass Abtreibungen für eine Beziehung oft das Ende bedeuten. Bei einer Abtreibung weist die Frau das vom Mann Empfangene (und zugleich ihr Eigenes) zurück. Wenn der Mann die Abtreibung will, macht er das Gegebene zunichte, er verweigert also das Geben nachträglich (letztlich hat der Mann in diesem Fall aber nicht die Macht, sondern die Frau; deshalb sind die Folgen für sie schwerwiegender). Da das, was zurückgewiesen wird, die Frucht ihrer Beziehung ist, wird mit der Zerstörung der Frucht auch die Beziehung selbst beschädigt, manchmal sogar zerstört. Das kann auch dann der Fall sein, wenn beide die Abtreibung wollten. Ob die Beziehung dann noch eine Zukunft hat, muss man im Einzelfall anschauen – jedenfalls haben viele tiefen Beziehungsprobleme ihren Ursprung in einer früheren Abtreibung.

Bleibt die Frage, was ist, wenn beide Kinder bekommen können, aber nicht wollen. Zunächst einmal ist klar, dass damit das Geben und Nehmen sehr reduziert ist. Der Umsatz ist klein, sie nehmen nicht am ganzen Leben teil, lassen sich nicht voll in seinen Dienst nehmen.

Die Beziehung steht nicht im Dienst des Lebens, sondern dient in den meisten Fällen allein dem Wohlbefinden oder der Sicherheit der Partner. Das kann funktionieren, aber es hat etwas Karges, Mageres, Leeres. Den meisten Beziehungen dieser Art fehlt etwas, worauf sie gerichtet sind, was ihr eine Bedeutung gibt, die über die beiden Partner hinausweist. Man kann sich natürlich ein gemeinsames Projekt, mit dem beide dem Leben einen anderen, besonderen Dienst erweisen oder auf andere Weise schöpferisch sind, schaffen. Dies kann in gewisser Weise ein Ausgleich sein, aber die Bedeutung eines gemeinsamen Kindes für die Beziehung erreicht es nicht. Projekte sind Projekte, gemeinsame Kinder sind etwas anderes. Sie begleiten einen ein ganzes Leben lang.

Es gibt natürlich noch viele andere Facetten des Gebens und Nehmens in einer Beziehung. Sie sind allerdings diesen Grundfragen untergeordnet. Das heißt aber nicht, dass sie unwichtig sind. Besonders wenn schon Kinder da sind, rücken diese anderen Fragen in den Vordergrund. Zum Beispiel ist es nicht unwichtig, wer das Geld verdient und wie dies gegeben und genommen wird. Wenn eine Frau darauf besteht, ihr eigenes Geld zu verdienen, weil sie sich nicht vom Mann versorgen lassen möchte, leidet die Beziehung. Ebenso, wenn sie das, was der Mann ihr gibt, nicht nimmt. Ihr Frausein leidet, sein Mannsein wird verletzt, und die Beziehung wird geschwächt. Wenn sie also eigene Einkünfte hat, sollte sie trotzdem bereit sein, sich vom Mann versorgen und beschenken zu lassen.

Analog gilt für den Mann: Wer sich von einer Frau aushalten und versorgen lässt, hat in der Regel verspielt – früher oder später wird sie ihn nicht mehr achten. Und wenn ein Mann nicht alles zu geben bereit ist, wenn er zum Beispiel der Frau nur abgezähltes Haushaltsgeld gibt oder ihr für ihre Arbeit eine Art Lohn zahlt, kann man die Beziehung vergessen. Man kann sie ebenfalls vergessen, wenn das Paar einen Ehevertrag abschließt. Die Argumente dafür klingen gut, wenn man sich erst einmal auf diese Ebene begibt, kann man sich ihnen kaum entziehen, aber die Beziehung ist gestorben, noch ehe die Tinte unter dem Vertrag trocken ist.

Das sind Hinweise, keine in Stein gemeißelten Gesetze. Dass das Männliche sich im Geben erfüllt und das Weibliche im Nehmen, ist freilich ein Grundverhältnis, an dem nicht zu rütteln ist. Wie es sich in der Praxis gestaltet, welche gesellschaftlichen Muster und Rollen sich daraus entwickeln und wie diese sich mit der Zeit verändern, ist eine andere Frage. Es macht allerdings Sinn, diese Rollen und ihre Veränderung auf ihre Vereinbarkeit mit diesem Grundmuster hin zu befragen beziehungsweise die Folgen solcher Veränderungen für die Frau, den Mann und die Mann-Frau-Beziehung zu untersuchen.

Auf einem Campingplatz in Slowenien habe ich einmal einen halben Tag lang eine polnische Zigeunersippe, es waren drei oder vier Familien, beobachtet. Ich war fasziniert von den Frauen. Sie waren fortwährend beschäftigt, ohne Unterbrechung. Sie taten das, was man hier „arbeiten" nennt, aber es sah nicht nach arbeiten aus. Sie wuschen, hängten Wäsche auf und wieder ab, falteten sie und packten ein, sie kochten, tischten auf und ab, wuschen das Geschirr und verstauten es. Die Männer kümmerten sich ein wenig um die Autos, verstauten einige Sachen darin, trugen hier und da mal einen schweren Gegenstand, ansonsten saßen sie zusammen und unterhielten sich.

Was mich faszinierte, war nicht die Rollenaufteilung an

sich, sondern die Art und Weise, wie sich die Frauen bewegten. Sie strahlten eine unglaubliche Anmut und Würde aus.
Sie trugen auch keine Arbeitskleidung, Kittel oder Schürzen
oder die auf Campingplätzen so beliebten Trainingsanzüge,
auch keine Shorts (es war warm) oder Jeans – nein, sie trugen wunderschöne lange Kleider, natürlich auch Schmuck,
und sie waren perfekt frisiert. Es bestand nicht die geringste
Gefahr, dass sie beim Arbeiten ihre Kleider beschmutzt oder
sonst etwas an ihrer fraulichen Aufmachung in Unordnung
gebracht hätten, dazu bewegten sie sich viel zu elegant und
selbstsicher. Aber es war eine natürliche Eleganz, keine auf-
gesetzte. Nach modernem westlichem Verständnis waren
sie, gelinde ausgedrückt, in einer traditionellen Frauenrolle
gefangen. An jenem Nachmittag habe ich mich gefragt,
welche Frauen wirklich gefangen sind. Diese hier schienen
mir jedenfalls in Einklang mit sich, ihrem Frausein und ihrer
Tätigkeit zu sein.

Der andere und die Liebe als Wunsch und als Wirklichkeit

Die Liebe entsteht zwar im Persönlichen, sie muss aber
darüber hinausgehen. Denn der andere wird unsere innersten Wünsche und Sehnsüchte nicht erfüllen können, auch
wenn es anfangs so scheinen mag. Wenn sich etwas mit
Sicherheit über Liebesbeziehungen sagen lässt, dann das,
dass sie viele Enttäuschungen mit sich bringen.

Für unser inneres Wachstum sind diese Ent-täuschungen
vielleicht das Wichtigste an der Beziehung. Sie decken
nämlich unsere Illusionen, unsere Täuschungen auf und
nehmen sie uns. Ich sage „vielleicht", weil es auch etwas

Nährendes, Aufbauendes geben muss. Bloße Zerstörung hält kein Mensch aus, zum Weitergehen, zu neuen Anfängen braucht er auch Kraft, Zuspruch, Richtung, von Zeit zu Zeit auch einen Platz zum Ausruhen, zur Sammlung und zu neuer Orientierung. Auch das kann und muss eine Beziehung beinhalten, sonst macht sie keinen Sinn. Aber die Enttäuschung ist ebenso unvermeidlich wie wichtig.

Wenn wir dem zustimmen, werden wir verwandelt. Das kann mitunter äußerst schmerzhaft sein, denn wir müssen dabei viele (Wunsch-) Bilder aufgeben und manchmal unsere tiefsten Überzeugungen sterben lassen. Sehr schön beschreibt dies der Philosoph und Psychotherapeut Wolfgang Giegerich: „Die Liebe ist das, was uns ein Gegenüber als ein Gegebenes und Gebendes, Schenkendes erfahren lässt. Nur die Liebe ist bereit, sich etwas geben zu lassen und sich von dem Gegebenen über seine Eigenart belehren zu lassen. Das Gegebene, das ist sozusagen die Definition für die ‚Erde', für den ‚Körper', die ‚Wirklichkeit'. Überall, wo Liebe ist, ist sie Liebe zur ‚Erde'; das gilt auch für die Liebe zu einem Menschen, denn was die Liebe in dem geliebten Menschen liebt, ist seine ‚Erde', seine Wirklichkeit und Gegebenheit. Dadurch unterscheidet sich die Liebe ja von dem Eigensinn, der Selbstsucht, dass sie dem geliebten Gegenüber nicht ein Idealbild überstülpt und nicht vorwirft, mit dem eigenen Ideal, das man von ihm hat, nicht übereinzustimmen. Liebe ist die Bereitschaft, leidend (und auch die Beglückung ist ein *pathein*) zu erfahren, wie der Geliebte wirklich ist, und den Schmerz dieser Erfahrung nicht als Einwand gegen den Geliebten zu verwenden ... Immer liebt die Liebe das Wirkliche, einfach weil es wirklich ist, und wo sie das nicht täte, d.h. wo sie nur deshalb liebte, weil etwas mit den eigenen Wünschen übereinstimmt, wäre sie keine Liebe." (Wolfgang Giegerich, Die Atombombe als seelische Wirklichkeit. Versuch über den Geist des christlichen Abendlandes. Zürich 1988, S. 91 f).

Das macht unmissverständlich klar, dass die Liebe eine Aufgabe ist, die von uns nicht weniger verlangt, als dass wir unser Ego aufgeben. Um es anders zu sagen: Liebe dient nicht der Selbstverwirklichung, sondern wir haben der Liebe zu dienen – nur so können wir sie wirklich erfahren. Unser Selbst verschwindet dabei in der Liebe (ich unterscheide hier nicht zwischen Ego und Selbst, wie es in einigen psychologischen und esoterischen Denkrichtungen üblich ist. Ich habe nämlich beobachtet, dass das Konzept des Selbst und der Selbstverwirklichung dabei zumeist nur eine maskierte Form des Ego ist).

Die Paarbeziehung stößt uns fast jeden Tag mit der Nase auf das, was Giegerich beschreibt: dass der Geliebte nicht unserem Bild entspricht. Und damit werden wir jeden Tag mit der Frage konfrontiert, ob wir im anderen nur unser Bild lieben, unsere Idee, oder ob wir ihn in seinem Sosein, in seiner Wirklichkeit nehmen und lieben können. Und auch in Bezug auf die Beziehung erleben wir Tag für Tag, ob wir an einer Idee, einem Bild von Beziehung hängen, oder ob wir sie in ihrem Sosein nehmen können. Die Liebe zerstört also unsere Ideen, sofern wir sie selbst nicht nur als Idee gelten lassen.

Das ist die große Gefahr: Wir vergöttern die Liebe als Idee und flüchten vor ihrer Wirklichkeit. Als Idee kann sie unbefleckt überleben, ohne uns wirklich zu berühren, aber erst in der Praxis wird sie wirklich und fruchtbar.

Ich erinnere mich an eine Frau, die vor Jahren einige Kurse bei mir besucht hat. Sie suchte die große, die wahre und vor allem die reine Liebe. Nun war diese Frau der Liebe in ihrer irdischen Gestalt schon häufig begegnet – sie war Ende dreißig und hatte fünf Kinder mit vier Männern. Außerdem hatte sie auf der Suche nach der wahren Liebe etliche Tantrakurse absolviert gehabt. Als das Thema wieder einmal zur Sprache kam, habe ich ihr gesagt: „Liebe macht Flecken."

Sie meinte: „Na ja, das weiß ich schon, aber das ist ja eigentlich der Sex."

Ich: „Nein, Liebe macht Flecken."

Sie trennte zwischen einem Ideal und der Wirklichkeit der irdischen Liebe. Dann bleibt die Liebe immer im Land der Träume, und man kann sich wunderschön nach ihr sehnen. Diese Sehn-sucht hat tatsächlich Suchtcharakter. Denn wie jede Sucht trennt sie uns von der Wirklichkeit. Die ideale Liebe wird uns nie enttäuschen, dies ist der gewöhnlichen Liebe vorbehalten. Wirksam wird die Liebe nur, wenn sie sich der Wirklichkeit aussetzt. Gleichzeitig gibt uns die Liebe die Kraft, dies auszuhalten. Denn die Enttäuschung und der Schmerz darüber, dass der andere nicht so ist, wie wir ihn gerne hätten – und über den Einzelnen hinaus: dass das Leben nicht so ist, wie wir es gerne hätten, dass die Welt nicht unserem Bild entspricht – ist riesig.

Wir halten dies nur aus (ohne zu resignieren oder zynisch zu werden), indem wir uns der Liebe anvertrauen. Wenn ich fühle und dazu stehe, dass ich den anderen trotzdem liebe, und dieser Liebe treu bleibe, verschwindet der Schmerz plötzlich. Und in der Folge verblasst mein Bild, treten die Ideen, wie der andere, wie das Leben, wie die Welt ist oder zu sein hat, in den Hintergrund und machen der Wirklichkeit Platz. Jetzt haben wir tatsächlich den Mutterleib verlassen und sind in der Welt angekommen. Und indem wir dort ankommen, fühlen wir uns dort, in der Weite des Daseins, auch zu Hause.

Dem Herzen folgen

Das alles schwingt mit, wenn wir fühlen und zu einem Menschen sagen: Ich liebe dich. Deshalb haben wir eine sehr berechtigte Scheu vor diesen großen Worten, und wir sollten sie nicht ständig im Munde führen. Die Liebe dient nicht der Erfüllung unserer Wünsche, sondern sie führt uns über uns selbst hinaus. Körperlich tut sie dies im gemeinsamen Kind, und seelisch und geistig, indem sie uns die Tiefe der Existenz erschließt, in die wir mit der Geburt entlassen worden sind.

Wenn wir der Liebe treu bleiben, kommen wir unweigerlich in Konflikt mit unserem Ego. So berichtete eine Frau in einem Kurs, sie sehe ihren Mann und ihre beiden Söhne immer als Gruppe („die Männer") und fühle sich als Frau von ihnen getrennt; das bedrücke sie. Ich habe ihr vorgeschlagen, sie freundlich anzuschauen und innerlich zu ihnen zu sagen: „Gut, dass ihr da seid." Dem konnte sie verstandesmäßig zustimmen, aber es blieb ein gewisser Widerstand, den sie selbst merkte. Ich habe es so gelassen, ich arbeite nicht gegen Widerstände, sondern respektiere sie.

Am nächsten Tag sagte sie, sie sei voller Wut auf ihren Mann. Ich habe dann einen Stellvertreter für ihren Mann genommen, sie ihm gegenüber gestellt und sie gebeten, ihn anzuschauen. Der Mann hatte eine leichte Tendenz, sich zurückzuziehen, es kostete ihn Kraft, stehen zu bleiben. Da habe ich ihr – weil ich diesen Satz in ihrem Gesicht gesehen habe – vorgeschlagen, zu ihm zu sagen: „Ich liebe dich."

Sie wartete einen Moment, dann sagte sie es mit sanfter, klarer Stimme. Es war wie die Feststellung einer Tatsache, aber sehr sanft. Nach einer kleinen Weile wiederholte sie den Satz noch einmal, und es war klar, dass er stimmte. Sofort verschwand seine Rückzugstendenz, er stand jetzt fest und schaute freundlich. Sie wurde ganz weich, ging auf ihn zu und ließ sich in seine Arme sinken.

Später habe ich dann eine Passage über Mann und Frau aus dem Manuskript dieses Buches vorgetragen. Am nächsten Tag fragte sie, was es bedeute, dass man in der Liebe sein Ego verliere, was denn dann käme. Eine andere Teilnehmerin meinte: „das Selbst". „Nein", habe ich geantwortet, „das ist nur ein Konzept. Für dich bedeutet es, in dein Herz zu gehen und ihm zu folgen." Sie hat genickt und gesagt. „Ja, das stimmt. Damit kann ich etwas anfangen."

Seinem Herzen zu folgen kann aber sehr wehtun. Wenn das Herz sich weitet, schmerzt es. Denn darin ist immer der Abschied von Gewohntem enthalten, vor allem auch der Abschied von der Sehnsucht des kleinen Kindes. Damit dieser Abschied im Innern gelingt, müssen wir das Kind in uns dort zurücklassen, wo es hingehört: in der Kindheit und bei unseren Eltern. Das bedeutet, dass wir beides so nehmen, ihm so zustimmen, wie es war. Dazu müssen wir unsere Liebe zu den Eltern wieder finden. Denn Abschied und Trennung sind nur in Liebe möglich.

Liebe und Familie

Der Einfluss der Herkunft auf die Paarbeziehung

Wir stammen alle von zwei Eltern ab. An unserem Anfang war also ein Paar. Wie immer die Beziehung dieses Paares war, eines steht fest: Einmal haben sie ganz gegeben und ganz genommen. Wir existieren, weil unsere Eltern in dem dazu vorgesehenen Akt zueinander gefunden und sich damit an uns weitergegeben haben. Und so sind wir da, und wir sind da, weil genau diese beiden Menschen, aus denen wir entstanden sind, das miteinander gemacht haben, wovon die ganze Welt fortwährend träumt. Das mag gewollt oder ungewollt, mit Liebe oder nur mit (beiderseitiger oder einseitiger) Lust, mit Freude oder mit Angst, geplant oder ungeplant oder wie auch immer geschehen sein. Wir sind die, die wir sind, weil unsere Eltern die sind, die sie sind, und daran ist nichts zu ändern. Wir sind unsere Eltern – halb Vater, halb Mutter.

Und so geht es weiter: Auch unsere Eltern sind ihre Eltern, und auch deren Eltern sind ihre Eltern. So sind wir also nicht nur unsere Eltern, sondern in uns ist die ganze Geschichte unserer Vorfahren zusammengeflossen – ein Lebensstrom, der sich, aus grauer Vorzeit kommend, in uns ergossen hat. Und mit diesem Lebensstrom ist auch alles, was diese Menschen erlebt haben, in uns übergegangen. Das meiste ist weit weg und in der Zeit versunken, aber die Erfahrungen der letzten zwei, drei Generationen sind in unserem Unterbewusstsein noch sehr aktiv, manchmal auch die der letzten fünf bis zehn Generationen.

Genauso ist es beim Partner, auch er ist der vorläufig letzte Teil eines aus Urzeiten gespeisten Lebensstroms. Auch er ist mit diesem Strom angefüllt von bestimmten Erfahrungen, die in seiner Sippe gemacht und weitergegeben wurden – Leidenserfahrungen, Glückserfahrungen, Trennungserfahrungen, Verbundenheitserfahrungen, ungetilgter Schuld, Schmerz, Trauer, Krankheit. Und rund um diese Erfahrungen und die Lebensumstände, in denen sie gemacht wurden, haben sich Einstellungen, Werthaltungen und Verhaltensweisen gebildet, die über Generationen hinweg weitergegeben wurden. Dazu hat es kaum der Erziehung bedurft, das atmet jeder in seiner Familie ein wie die Atemluft, ohne dass er es merkt.

Mit dem Partner heiratet man also gewissermaßen eine ganze Sippe und deren Geschichte. Spätestens dann, wenn die beiden Kinder bekommen, wird dies nach und nach deutlich und nimmt großen Einfluss auf die Beziehung. Denn im Kind sind die beiden Ströme vereint, das Kind muss sie, um mit sich selbst einig zu sein, in sich integrieren. Die Eltern merken dann, dass das Kind auch Einflüsse aus der anderen Sippe hat. Und bei der Erziehung, bei ihrem Umgang mit dem Kind treten plötzlich die alten Werte und Ängste ans Licht, und man wird feststellen, dass beide sehr verschiedene Prioritäten und Werte haben. Sie stehen vor der Aufgabe, daraus etwas Neues zu schaffen, in dem beide sich und ihre Herkunft geachtet und gut aufgehoben fühlen.

Aus der Herkunftsfamilie bringen wir ganz viele Haltungen zum anderen Geschlecht und zur Paarbeziehung mit. Die meisten leider unbewusst, so dass sie erst deutlich werden, wenn es zum Konflikt kommt. Deshalb sind Konflikte, wenn man einen guten Umgang damit entwickelt, die besten Lernfelder. Sie zeigen uns etwas über uns selbst, sie wirken wie ein Spiegel, in den man zum ersten Mal schaut. Zu diesem Lernen müssen wir aber bereit sein. Wir sind dies, wenn wir die Schuld nicht immer beim andern suchen und Konflikte als Chance begreifen, etwas über uns selbst zu lernen und innerlich aus unseren alten Mustern herauszuwachsen.

Indem man heiratet, geht man eine neue Verbindung ein. Das Alte, die Herkunftsfamilie, lässt man zurück, indem man zustimmt, dass alles, was man von dort mitbekommen hat, zu einem gehören darf, und dass alles, was war, gewesen sein darf. Erst dann kann man sich ganz dem Neuen zuwenden, weil einen dann die unerledigten oder abgelehnten Dinge aus der Vergangenheit nicht mehr plagen.

Tatsächlich aber bringt erst die neue Beziehung und Familie ans Licht, was wir im Unterbewusstsein aus der alten Familie mit uns tragen. Da beide Partner dies mit sich tragen, sind sie gleich unvollständig. Wenn sie bereit sind, aneinander zu lernen, wird die Beziehung sowohl zum Wachstum jedes einzelnen als auch zum Wachstum der Beziehung selbst beitragen. Die Liebe ist die Kraft, die sie dabei trägt.

Vom Liebespaar zur Elternschaft: Beziehung und Kinder

Mit einem Kind tritt eine Beziehung in eine völlig neue Phase. Zunächst einmal erfüllt sich die Beziehung mit der Geburt eines Kindes. Ein gemeinsames Kind ist ja nicht nur etwas, was beide Partner sich meist wünschen, sondern es ist auch, jenseits der persönlichen Wünsche, der natürliche Zweck einer Beziehung. Im Kind wird sie erst vollständig.

Man kann auch sagen: Sie vollendet sich im Kind. Das Wort voll-enden enthält das Ende, es weist also darauf hin, dass etwas zu Ende geht. Mit dem Kind ist die alte Zweierbeziehung vorbei. Von nun an spielt immer ein Drittes mit.

Ich meine damit nicht so sehr die Tatsache, dass es nun über lange Zeit nachts Geschrei gibt, dass das schreiende Wesen vielleicht das eheliche Lager teilt und überhaupt, sofern es nicht gerade schläft, fast die ganze Aufmerksamkeit für sich beansprucht. Wenn ein Kind kommt und man die Elternrolle einigermaßen ernst nimmt, ändert sich der gesamte Lebensablauf. Aber das ist kein Problem, wenn man dem Kind ganz zustimmt, denn die elterlichen Interessen und Bedürfnisse beziehen das Kind und seine Bedürfnisse auf natürliche Weise mit ein und wandeln sich entsprechend.

Voraussetzung dafür ist allerdings, dass man sich darüber klar ist und zustimmt, dass jetzt ein neues Leben beginnt. Wer also meint, nach einigen Monaten das alte Leben mehr oder weniger unverändert fortsetzen zu können – abgesehen davon, dass man das mit dem Kind jetzt etwas besser oder anders organisieren muss –, macht innerlich nicht den ganzen Schritt zur Elternschaft und wird damit früher oder später massive Probleme bekommen.

Das umso mehr, als mit der Geburt eines Kindes sich die Paarbeziehung selbst ändert. Das ist der eigentliche Einschnitt. Mit dem Kind werden Mann und Frau Vater und Mutter. Es kommt also etwas dazu, was bisher in der Beziehung nicht da war. Beide sind nicht mehr nur auf einander bezogen, sondern auf ein Drittes. In Bezug auf dieses Dritte, ihr Kind, sind sie gleich und doch auch verschieden.

Als Eltern sind sie gleich – es ist zu gleichen Teilen ihr Kind, es ist genau so das Kind des Vaters wie es das Kind der Mutter ist. So selbstverständlich diese Aussage ist, in der Praxis wird dies oft übersehen, was zu massiven Problemen führen kann. Das beginnt schon, wenn die Verwandtschaft kommt und mitteilt, wem das Kind denn nun mehr gleicht, nach welcher Familie es kommt. Es geht weiter, wenn später die guten Eigenschaften dem eigenen Erbe oder der eigenen Sippe und die schlechten der anderen Seite zugesprochen werden. Und es endet häufig damit, dass ein Elternteil meint, das Kind sei bei ihm besser aufgehoben als beim Partner, der andere tue dem Kind nicht gut.

Meist sind es die Mütter, die meinen, das Kind gehöre vor allem zu ihnen (wenn nicht: es gehöre ihnen). Vor allem, wenn ein Paar nicht verheiratet ist, sieht die Frau den Vater des Kindes oft nur als Dienstleister ohne eigene Rechte. Manchmal will sie auch gar nichts von ihm wissen und verzichtet lieber auf Geld, als ihm sein Recht auf das Kind zuzugestehen. Ich habe aber in tausenden von Familienaufstellungen noch keinen einzigen Fall erlebt, wo der Vater für das Kind nicht wichtig gewesen wäre. Wenn er fehlt (ausgeklammert wird), fehlt dem Kind ein Teil seiner Seele. Also: Jedes Kind ist gleichermaßen das Kind beider Eltern, und weil das so ist, sind beide für das Kind gleichermaßen richtig und wichtig und gut.

Die Eltern sind aber auch verschieden. Sie sind Mann und Frau, also unterschiedlichen Geschlechts, und sie stammen aus verschiedenen Familien mit verschiedenen Traditionen, Gewohnheiten, Werthaltungen, Schicksalen und Verstrickungen. All dies mischt sich jetzt im Kind und begegnet dem Paar damit auf eine neue Weise. „Sie sind Mann und Frau" heißt, dass sie auf unterschiedliche Weise mit dem Kind umgehen. Dies wird umso mehr zum Problem, je mehr die alte Rollenverteilung aufgehoben wird und die Männer in die Betreuung der Kinder einbezogen werden oder sich einbringen. Dabei wird oft übersehen, dass die Männer keine Frauen sind. Frauen haben von vornherein eine andere Ausgangsbasis und eine andere Beziehung zum Kind. Es ist in ihnen herangewachsen, sie haben es geboren und sie nähren es aus ihrem Körper heraus. Dabei war und ist der Mann nur Zuschauer. Er hat nicht das gleiche Erleben und auch nicht den gleichen Status wie die Frau. Sogar ihr Hormonhaushalt ist ganz auf diesen Prozess bezogen und verändert. Während sie also auf natürliche Weise, durch chemische Prozesse in ihrem Körper unterstützt, in ihre Rolle hineinwächst, muss der Mann erst eine Beziehung zu dem Kind aufbauen. Die Vaterrolle entwickelt sich also anders und später als die Mutterrolle.

Es stimmt allerdings nicht, dass die Vaterschaft nur eine soziale Rolle ist (im Unterschied zur „natürlichen" Mutterschaft). Auch Väter haben eine natürliche Beziehung zu ihren Kindern, also eine Beziehung, die sich nicht nur aus dem sozialen Kontakt ergibt. Wenn es so wäre, würde es für den Mann keine Rolle spielen, ob ein Kind sein Kind ist oder nicht, es käme lediglich auf den sozialen Kontakt an, den er mit jedem Kind aufbauen kann. Die Familienaufstellungen zeigen jedoch ganz klar, dass es eine Bindung des Vaters an sein leibliches Kind selbst dann gibt, wenn er es nie gesehen hat – ja sogar dann, wenn er nichts von diesem Kind weiß. Männer sind also ebenso natürlich mit ihren Kindern verbunden wie Frauen, aber sie haben eine andere Art von Beziehung zu ihnen und einen anderen Umgang mit ihnen. Generell kann man sagen, sie lassen ihnen mehr Raum, greifen weniger ein, sind weniger behütend. Für die Beziehung der Eltern zueinander ist es wichtig, dass sie das verstehen und achten, sonst streiten sie sich ständig über die richtige Erziehung oder den richtigen Umgang mit dem Kind.

Ich denke an die Zeit, als meine Söhne, vor allem der älteste, im Vorschulalter waren. Wir wohnten damals nur hundert Meter von einem großen Spielplatz entfernt. Ich war Dozent an der Uni, konnte mir meine Arbeit frei einteilen und verbrachte viel Zeit zu Hause und mit meinen Söhnen. Der Spielplatz grenzte an eine Schrebergartensiedlung und ein wildes Wiesengelände, und ich saß oft – meist mit einem Buch – auf einer Bank, um zu schauen, dass die Kinder nicht zu weit weg liefen.

Außer mir saßen nur Mütter dort, da die Männer zur Arbeit waren. Sobald sich irgendwo auch nur das kleinste Geschrei erhob, griffen sie ein, meist schützten sie die Mädchen vor den Jungen und die Kleinen vor den Großen. Für mich war es schwer, dies mit anzusehen, da die Kinder keine eigenen Formen der Konfliktaustragung entwickeln konnten und die wilden, aktiven, sicher auch dominanteren Kinder ständig gedeckelt wurden. Die Opfer, die Jammernden (und damit das Jammern) wurden immer unterstützt, die Aktiveren, die sich ihren Raum einfach nahmen, wurden von den Erwachsenen eingeengt und bestraft.

Die Frauen indessen konnten mich nicht verstehen und hielten mich für unverantwortlich, wenn ich nicht eingriff, wenn ein Stärkerer sich auf Kosten eines Schwächeren breit machte. Natürlich gab es dabei auch für mich Grenzen, aber sie waren anders und weiter als bei den Frauen.

Generell haben Mütter eher eine bewahrende und Schutz gebende Tendenz und Funktion, während Väter die Kinder eher aus dem Nest stoßen und ihnen den Weg in die Gesellschaft und die Welt öffnen (was ihnen bei den Töchtern allerdings wesentlich schwerer fällt als bei den

Söhnen). Dies entspricht dem Weiblichen und dem Männlichen, und beides ist wichtig.

Mann und Frau müssen also anerkennen, dass sie auch in Bezug auf das Kind und den Umgang mit ihm verschieden sind und auch verschieden sein dürfen. Dabei wird die Anerkennung des Männlichen durch die Frau und die Anerkennung des Weiblichen durch den Mann noch einmal einem sehr intensiven Praxistest unterzogen. Denn beide müssen mit anschauen und lernen, wie anders sich der Partner gegenüber dem Kind verhält, und wie dieses Andere auch im Kind selbst seinen Niederschlag findet.

Vor fünfzehn Jahren ist mir mal ein in gewissen Kreisen sehr beliebtes Buch in die Hände gefallen, das den Titel trug: „Hilfe, mein Sohn wird ein Macho". Die Autorin, selbst Mutter eines Sohnes (der arme Kerl hatte mein tiefstes Mitgefühl), gab darin Ratschläge an andere Mütter, wie dieses Unheil abzubiegen sei. Der einzig sinnvolle Vorschlag war natürlich nicht darunter, nämlich: den Sohn seinem Vater anzuvertrauen. Beide Eltern müssen ihr Kind ganz dem anderen Elternteil anvertrauen und ihm alles lassen und alles zumuten, was von diesem kommt. Außer dem anderen Geschlecht ist dies vor allem die andere Familie, also die Herkunftsfamilie des Partners. Das Kind trägt in sich beide Seiten, und es ist für seine Entwicklung wichtig, dass beide Seiten gewürdigt werden. Das Kind muss diese Integration ohnehin leisten, und die Eltern können es dabei unterstützen, indem sie ebenfalls beide Sippen achten.

Das ist auch für die Paarbeziehung bedeutsam. Bei der Kindererziehung zeigt sich ganz konkret, wie weit es mit dieser Achtung ist. Ist sie nicht gegeben, so spaltet dies nicht nur das Kind, sondern mit der Zeit auch die Beziehung. Wenn wir zu einem Menschen sagen: „Ich nehme dich, so wie du bist, als meine Frau/meinen Mann", dann beinhaltet dies: mit deinen Eltern, mit deiner Familie und mit dem Schicksal dieser Familie. Man darf das Kind also nicht vor „schlechten" Einflüssen aus dieser Familie schützen wollen.

Beide bringen auch unterschiedliche Werte mit. Für sie ist vielleicht Geld ganz wichtig, während es ihm eher gleichgültig ist. In ihrer Familie spielte vielleicht Sparen eine große Rolle, während bei ihm gleich ausgegeben wurde, was hereinkam. Er kommt vielleicht aus einer liberalen, sie aus einer konservativeren Tradition. Beim Kennenlernen spielt das kaum eine Rolle, es ist vielleicht sogar prickelnd und aufregend. Aber wenn dann eigene Kinder da sind und es an deren Erziehung geht, stehen sich die alten Welten plötzlich unversöhnlich gegenüber.

Selbst Eltern, die früher gegen ihre eigenen Eltern und deren Werte rebellierten, stellen jetzt plötzlich fest, dass sie sich ihren Kindern gegenüber genau so verhalten wie die Eltern einst ihnen gegenüber. Und dass der Partner es ganz anders macht, können sie überhaupt nicht verstehen, und schon ist der schlimmste Streit im Gange. Die beiden meinen vielleicht, eine sachliche Auseinandersetzung über die Erziehung auszutragen, aber im Hintergrund kämpft Familie A gegen Familie B.

Dabei fällt mir eine Aufstellung ein, die ich vor Jahren einmal hatte. Die beiden Partner stammten aus verschiedenen Regionen Österreichs, aus der Steiermark und aus Vorarlberg. Ich wusste nicht, dass dies traditionell verfeindete Stämme sind, schlimmer als Bayern und Preußen, und die aufgestellten Kursteilnehmer wussten dies auch nicht. Aber als ich hinter die beiden Partner deren Eltern und Großeltern aufstellte, standen sich diese gegenüber wie zwei feindliche Heere. Es war sehr amüsant für die Zuschauer, aber für das Paar war es ein tiefer Konflikt. Denn jeder Partner ist in seiner Seele der eigenen Herkunft treu. Zugleich verlangt aber die Partnerschaft, die Herkunft und die Werte des anderen anzuerkennen, und zwar so anzuerkennen, dass auch das eigene Kind so werden darf.

Das geht nur, wenn man die Verschiedenheit und Andersheit des anderen achtet. Daraus folgt auch, dass die Eltern gegenüber ihren Kindern nicht als Block auftreten müssen, nicht als Koalition, die immer an einem Strang zieht. Politik wird in der Familie immer durchschaut und ist tödlich. Sicher ist es schlecht, wenn einer den anderen heimlich unterminiert, und es muss eine gemeinsame Ausrichtung geben. Aber die Unterschiede zwischen den Eltern dürfen durchaus zutage treten, sowohl die geschlechtsspezifischen als auch die familienspezifischen. Das Kind darf sehen (es weiß es sowieso), dass die Mutter eher sparsam und der Vater eher verschwenderisch ist, aber die Eltern sollten sich dann auf eine gemeinsame Linie verständigen. Je offener die Unterschiede sein dürfen, umso eher können sie respektiert werden, und umso eher kann in dieser neuen Familie sich eine neue, eigene Haltung herausbilden.

Mit dem Kind wird also das andere, was der Partner mitbringt, noch einmal auf eine ganz neue und tiefere Weise mit dem Eigenen verbunden. Vorher stand es uns nur im Partner gegenüber, wir konnten es als etwas Fremdes interessant, herausfordernd und liebenswert finden. Jetzt ist es ganz Teil der neuen, eigenen Familie. Dass Mann und Frau jetzt zugleich auch Vater und Mutter sind, bedeutet für die Partnerschaft, dass diese beiden Rollen jetzt miteinander konkurrieren. Es besteht die Gefahr, dass die Elternrolle die Partnerrolle in den Hintergrund treten lässt. Hier muss eine neue Balance gefunden werden.

Die Grundlage dieser Balance ist, dass man der Paarbeziehung den Vorrang vor der Elternrolle gibt. Zuerst
kommt der Partner, dann erst das Kind. Wenn das Kind,
wie es in vielen Familien der Fall ist, vor dem Partner
kommt, leidet sowohl die Beziehung als auch die Seele des
Kindes. Das Kind kommt damit nämlich in eine unange-
messene Position: Es schiebt sich zwischen die Eltern (anstatt, wie es die natürliche Ordnung wäre, unter oder nach
ihnen zu stehen) und nimmt so mit der Zeit vielleicht sogar
eine Partnerrolle ein, die ihm nicht zukommt und die Paarbeziehung der Eltern stört. Da die Paarbeziehung aber die
Grundlage der Familie ist, muss sie auch an erster Stelle
kommen, und der Partner muss innerlich Vorrang haben
gegenüber dem Kind.

Dazu ist es zum Beispiel wichtig, dass das Paar sich Zeit
füreinander nimmt, wo das Kind nicht dabei ist. Aber auch
wenn das Kind anwesend ist, kann und sollte es Zeiten
geben, die dem Partner gehören und wo das Kind sich
zurückhalten muss (und notfalls auch zurückgewiesen werden muss).

Die verbreitete Fixierung auf das Kind und dessen angeb-
liche Bedürfnisse führt zu kindischen Erwachsenen und
einer kindischen Gesellschaft, und Beziehungen können
auf diesem Boden nicht mehr gedeihen.

Noch etwas sollte man wissen: Kinder kann man nicht
hinters Licht führen. Sie wissen beziehungsweise spüren
ganz genau, was in einer Familie vor sich geht. Sie haben
einen perfekt funktionierenden Kompass für Leerstellen
und Unordnungen und merken genau, wenn etwas unter
den Teppich gekehrt oder verdreht wird. Sie mögen es
nicht immer bewusst durchschauen, aber sie spüren es, und
ihre Seele reagiert darauf. Oft mit Verhaltensweisen, die sie

selbst und ihre Eltern nicht verstehen. Wenn Kinder verhaltensauffällig oder krank werden (natürlich nicht die üblichen Kinderkrankheiten), ist fast immer etwas im Busch. Kinder sind die Seismographen in einer Familie, die zeigen, dass etwas aus der Ordnung geraten ist.

Es ist daher angebracht, sie nicht zu belügen und ihnen die wahren Verhältnisse nicht zu verschleiern. Dies hat allerdings eine Grenze: Die ehelichen Verhältnisse, die Beziehung zwischen Vater und Mutter (oder Stiefeltern) wie das gesamte Intimleben der Eltern gehen sie nichts an. Die Schlafzimmertür ist die Grenze. Zieht man die Kinder da mit hinein (das gilt auch für Streit zwischen den Eltern), überfordert man sie und fügt ihrer Seele Schaden zu.

Die Mehrfamilien-Familie („Patchwork-Familie")

Ein Freund von mir hat seit gut einem Jahr eine neue Partnerin. Sie wohnen jetzt zusammen, sie hat drei Kinder mit in die Beziehung gebracht, er zwei. Seine Frau ist vor drei Jahren gestorben, seine neue Partnerin ist geschieden. „Patchwork-Familie" nennt man dies heute in unserem modisch-peppigen Verniedlichungsenglisch – aus Resten zusammengeflickt.

Was bei Kleidungsstücken ganz nett sein kann und nicht mehr als etwas Stilgefühl und Schneiderkunst erfordert, ist hier jedoch eine Aufgabe, die allen Beteiligten viel abverlangt. „Mehrfamilien-Familie" ist zwar kein so hübscher Begriff, aber er lässt deutlicher werden, welche Leistung hier die beteiligten Eltern und Kinder erbringen müssen.

Harry erzählt: „Wir müssen alle ständig nach unserem Platz suchen, vor allem die Kinder. Grundsätzlich verstehen sich alle recht gut, das ist schon mal wichtig. Die Kinder haben sich gut angefreundet, und zwischen Margret und mir ist ohnehin alles klar. Aber ihre Kinder haben noch einen Vater, der sich auch gut um die Kinder kümmert und sie am Wochenende oft zu sich nimmt, während meine nicht mehr zu ihrer Mutter können. Ich kann mich also, was Margrets Kinder betrifft, gut raushalten, der richtige Vater ist da und kümmert sich, aber Margret muss in gewisser Weise auch Mutter für meine Kinder sein."

Harrys Fall ist sicher nicht der schwerste, weil es hier keine verfeindeten Ex-Männer oder Ex-Frauen gibt und er und Margret sich auch recht gut bewusst sind, dass sie sich nicht nur mit einem neuen Partner zusammengetan haben, sondern auch mit dessen Kindern, ohne dass sie den anderen Elternteil der Kinder wirklich ersetzen könnten. Das ist nicht die Regel. Vielfach machen sich Paare vorher nicht bewusst, was es bedeutet, einen Partner mit Kind zu nehmen.

Alleinerziehende Frauen mit Kindern suchen oft einen „richtigen" Vater für die Kinder – sei es, dass die alte Beziehung getrennt wurde und die Kinder bei der Mutter blieben, sei es, dass sie zu denen gehörten, die einen Mann nur als Erzeuger betrachteten und denen im Laufe der Zeit klar geworden ist, dass es doch nicht so schlecht wäre, wenn das Kind mit einem Vater aufwachsen würde – wobei man meint, „Vater" könne irgendein Mann sein. Da Frauen normalerweise nach Männern Ausschau halten, die älter sind als sie, ist die Wahrscheinlichkeit groß, dass sie auf einen Mann treffen, der ebenfalls Kinder hat. Diese leben zwar meist bei der Mutter, das ändert aber nichts daran, dass es seine Kinder sind und sie mit zu ihm gehören. Männer haben ihr Kind zwar weniger oft im Handgepäck und suchen daher selten eine Mutter dafür (weil es bei der richtigen Mutter ist), aber es ist doch da, und auch bei ihnen ist die Wahrscheinlichkeit umso höher, auf eine Frau mit Kind zu treffen, je älter sie sind. Daher ist es inzwischen in vielen neuen Beziehungen so, dass ein fremdes Kind mit hineinspielt. Was ist zu beachten, was sind die Ordnungen?

Zunächst einmal muss beiden klar sein, dass sie nicht nur eine neue Frau oder einen neuen Mann nehmen, sondern einen Menschen mit einschlägiger Vergangenheit – eine Frau oder einen Mann mit Kind(ern). Das Kind ist schon da, wenn die Beziehung beginnt, und hat daher Vorrang vor der Beziehung. Vorrang heißt: Es kommt immer zuerst, dann erst kommt der neue Partner. Das ist ein Naturgesetz! Also: Ich darf nicht erwarten, dass ich als Partner für meine neue Frau oder meinen neuen Mann wichtiger bin als ihr/ sein Kind. Wenn ich versuche, mich dazwischen zu drängen oder einen Keil dazwischen zu treiben, scheitert die Beziehung.

Manche schauen verwundert, wenn sie dies hören, aber es wird sofort einsichtig, wenn man sich zum Beispiel vorstellt, dass das Kind schwer krank wird oder einen Unfall hat oder Ähnliches – dann zählt für die Mutter (und auch den Vater) nur das Kind, und der neue Partner kann sich in diese Beziehung auch nicht einmischen. Also noch einmal: Wer einen Partner mit Kind nimmt, muss dem Vorrang des Kindes für den Partner voll zustimmen und sich, wie an der Bushaltestelle, hinten anstellen.

Zweitens: Zur Vergangenheit (und Gegenwart) des Partners gehört nicht nur das Kind, sondern auch dessen Vater oder Mutter. Ich muss mich nicht nur in Bezug auf das Kind, sondern auch in Bezug auf den früheren Partner hinten anstellen. Und zwar innerlich wie äußerlich. „Innerlich" heißt: Ich muss anerkennen, dass er der erste war. Ich habe meinen Platz auf seine Kosten. Zum Beispiel, weil die vorherige Beziehung gescheitert ist (dann profitiere ich von diesem Scheitern), oder weil der frühere Partner gestorben ist (dann profitiere ich von seinem Tod). In beiden Fällen ist eine tiefe Verneigung vor dem früheren Partner und seinem Schicksal angebracht, auch wenn er an diesem Schicksal schuldhaft mitgewirkt hat. Erst diese Verneigung erlaubt es mir, meinen Platz als Späterer ganz und mit gutem Gewissen einzunehmen.

„Äußerlich" heißt: Ich muss den Vorrang des Früheren in Bezug auf sein Kind voll anerkennen. Ich darf nicht ohne weiteres dessen Platz einnehmen, kann jetzt nicht plötzlich die neue Mutter oder der neue Vater sein, nur weil ich zum Partner des einen Elternteils geworden bin. Elternschaft und Paarbeziehung sind zwei verschiedene Paar Schuhe.

Wenn der andere Elternteil noch lebt, darf ich mich zum Beispiel nicht in die Erziehung einmischen. Das ist besonders dann oft ein Problem, wenn Frauen einen neuen Vater für ihre Kinder suchen. Es gibt nur einen Vater! Manchmal wollen die Frauen das nicht wahrhaben (weil sie die Vaterschaft nie im vollen Sinne – das heißt über Zeugung und Zahlung hinaus – anerkannt haben oder weil sie den Ex nicht mehr leiden können), manchmal wollen auch die Männer es nicht wahrhaben, weil sie sich ganz auf die Beziehung und das Kind eingelassen und das Kind lieb gewonnen haben. Das Kind braucht aber seinen leiblichen Vater, immer.

Ich hatte eine Reihe von Familienaufstellungen, wo Männer eine schwangere Frau oder eine Frau mit einem Baby geheiratet haben, der Frau und dem Kind voll zugestimmt haben, es wie ein eigenes Kind aufgenommen und

für es gesorgt haben. Dennoch konnte man in jeder Aufstellung sehen, dass es das Kind zum leiblichen Vater zieht,
auch wenn es den Stiefvater sehr mag, ja sogar dann, wenn
es von der wirklichen Vaterschaft nichts weiß. Denn es ist
von diesem Mann, sein Fleisch und Blut, er gehört genau
so untrennbar zu ihm wie seine Mutter.

Ein neuer Mann darf sich da nicht dazwischen stellen.
Die Vaterschaft muss in vollem Umfang gewürdigt werden – das ist übrigens auch der beste Beitrag dazu, dass
dieser Mann sich tatsächlich um sein Kind kümmert. Wo er
dies nicht tut – sei es, dass er nicht will, sei es, dass er nicht
kann –, kann der neue Partner diese Rolle ersatzweise
übernehmen. Ersatzweise bedeutet, dass er innerlich dabei
den Vorrang des anderen achtet. Im Äußeren sollte er es in
der Regel vermeiden, sich als Vater zu bezeichnen oder als
Papa anreden zu lassen.

Die neue Partnerschaft ist also dem, was vorher war, in
der Hinsicht nachgeordnet, dass man nicht so tun kann, als
wäre das Frühere nicht gewesen. Als neue Partnerschaft, die
etwas Früheres abgelöst hat, hat sie dann aber auch Vorrang
vor dem Alten.

Man muss also drei Aspekten voll und ganz zustimmen:
– dem Gewesenen, so, wie es war, einschließlich der
  Bindung an einen Mann, eine Frau und an Kinder,
– dem Ende der früheren Beziehung – also der
  Trennung oder dem Tod eines früheren Partners – und
– der neuen Partnerschaft, der Gegenwart.

Wenn man dem zustimmt, steigen die Chancen auf ein
Gelingen erheblich, denn am richtigen Platz kann jeder am
besten gedeihen. Man muss allerdings auch schauen, dass

das neue Paar bzw. der neue Partner einen guten Platz hat. Wenn beide nur zurückschauen auf ihre alte Familie, hat das Neue keine Chance. Das heißt: In Anerkennung der Tatsache, dass beide nicht jungfräulich in die Beziehung gegangen sind, dass beide auch noch an Früheres gebunden sind und dort vielleicht auch noch Verpflichtungen haben, muss ganz klar sein, dass das Alte vorbei ist und die neue Partnerschaft jetzt die alte abgelöst hat und insofern auch Vorrang hat. Als Beziehung hat das Alte aufgehört, auch wenn noch Bindungen da sind.

Abtreibung

Ich muss noch einen Punkt erwähnen: Abtreibungen. Abtreibungen sind eine der schwersten Belastungen für Beziehungen, sie wiegen viel schwerer als eine Affäre. Das ist natürlich ein sensibles Thema, da das „Recht auf Abtreibung" ein zentrales Anliegen der Frauenbefreiungsbewegung war, das die Hegemonie der Männer und der Kirche über den weiblichen Körper beenden sollte („Mein Bauch gehört mir"). Dabei wurde jedoch gänzlich übersehen, dass es nicht nur um den weiblichen Körper, sondern um ein Kind ging und geht, das sich bereits im Bauch der Frau eingenistet hat. Dass die katholische Kirche und andere Abtreibungsgegner immer wieder auf diesen Sachverhalt hinweisen, macht ihn nicht falsch.

Aus vielen hundert Aufstellungen in Europa und Asien mit Frauen oder Paaren, die abgetrieben haben, kann ich sagen, dass es keine einzige Frau gab, die sich nicht zutiefst schuldig fühlte. Dabei spielte weder die Kultur noch die Erziehung noch die Religion noch das Alter noch die soziale Schicht eine Rolle. Ich spreche hier nicht von dem, was man glaubt über eine Abtreibung, sondern von dem, wie sie auf die Seele der Abtreibenden wirkt. Diese Wirkung kann man in Aufstellungen eindeutig sehen, und die Betreffenden fühlen sie dann auch – alle anwesenden Frauen sind bei Aufstellungen zu diesem Thema zutiefst aufgewühlt und berührt.

Für Männer gilt dies zwar auch, zumeist jedoch weniger massiv als für Frauen, weil sie eine Abtreibung nicht am eigenen Leib vornehmen und erfahren und auch bei der Entscheidung manchmal außen vor sind. Aber auch dann belastet es sie manchmal, ohne dass sie es wissen – wie überhaupt dieses Thema meist tief ins Unterbewusstsein abgedrängt ist. Es spielt aber oft eine entscheidende Rolle bei schweren Beziehungskonflikten. Hier rate ich sehr zu einer Familienaufstellung, weil es sehr schwer ist, das Thema Abtreibung für sich allein so zu lösen, dass die Seelen Frieden finden und spätere Partnerschaften oder gar Kinder nicht darin verstrickt werden. Die Lösung – sofern man hier von Lösung sprechen kann – besteht immer darin, dass beide Partner voll zu ihrem Handeln stehen, indem sie das abgetriebene Kind anschauen und ihm beispielsweise sagen: „Ich habe dich abgetrieben. Meine Karriere war mir wichtiger als du. Ich habe dich dafür geopfert." Es gibt noch andere Sätze, es variiert von Fall zu Fall. Immer geht es jedoch darum, dass der wirkliche Sachverhalt ohne Beschönigung und, was ganz wichtig ist, ohne Begründung („ ...weil ...") ausgesprochen wird.

Frauen fühlen sich oft als Opfer, sie meinen, die Umstände hätten sie zur Abtreibung gezwungen. Das ist aber Unsinn, denn es gibt nur ein Opfer: das Kind. Die Frau ist die Täterin, was immer ihre Motive waren. Und der Mann ist Mittäter. Dieser Sachverhalt muss klar gesehen werden.

Mit der Übernahme der Verantwortung für die Tat übernimmt eine Frau auch erst die volle Verantwortung für ihre Sexualität. Solange sie sich in der Opferrolle wähnt, macht sie insgeheim die Sexualität des Mannes für die Schwangerschaft verantwortlich. Seelisch bleibt sie dabei ein Kind. Mit der Übernahme der Verantwortung für die Abtreibung verliert sie hingegen auch den letzten Rest ihrer Unschuld – und wird damit ganz zur Frau.

Bindung

Wenn wir uns auf Sexualität und Liebe ganz einlassen, entsteht Bindung. Was ist eigentlich Bindung? Zunächst einmal etwas, was wir beobachten können. Zum Beispiel kann man sehen, dass zwei Menschen, die eine sexuelle Liebesbeziehung hatten, auch nach Jahrzehnten, auch nach einer Trennung, noch eine besondere seelische Verbindung miteinander haben. Der Partner einer solchen Beziehung besetzt quasi für immer einen Platz in meinem Leben, den kein anderer mehr einnehmen kann.

Der erste Mann im Leben einer Frau wird immer ihr erster Mann bleiben. Und wenn jemand der zehnte ist, wird er sich nie vor die neun Vorgänger schieben können. Sein Platz ist der des zehnten Mannes, und er und sie müssen die neun vorangegangenen an ihrem Platz belassen und achten, wenn aus der Beziehung etwas werden soll. Die Frau müsste dem Mann also sagen: „Du bist mein zehnter Mann". Das kann natürlich recht ernüchternd sein, aber wenn es so ist, ist es besser, es so anzuerkennen, als zu versuchen, es zu ignorieren.

Dies ist eine Beobachtung. Sie erklärt allerdings nicht, was Bindung ist und wie sie zustande kommt. Und sie erklärt nicht, wieso wir mit manchen Menschen auf diese Weise verbunden oder gar an sie gebunden sind und mit anderen bzw. an andere nicht. Denn es ist generell so, dass jede Erfahrung, die ich in meinem Leben gemacht habe, und jeder Mensch, dem ich begegnet bin, zu mir und meinem Leben dazugehört, und dass jeder, der später kommt, mich nur mit diesen Erfahrungen haben kann.

Es muss also etwas geben, was über diese normalen Begegnungen hinausgeht. Dieses Etwas ist die Sexualität in ihrer Eigenschaft als Leben spendende Kraft. Die Bindung hängt mit der Sexualität zusammen, genauer gesagt mit dem Geben und Nehmen des Lebens. Wir können uns das klar machen, wenn wir auf ein Kind schauen. Das Kind ist die Frucht der sexuellen Begegnung von Mann und Frau. Im Kind existieren sie in gewisser Weise fort. „In gewisser Weise", weil sie nicht als Person oder als Individuum weiterexistieren. Aber sie geben das Leben weiter, so, wie es ihre Eltern an sie weitergegeben haben. Durch die Eltern fließt sozusagen der Lebensstrom, und das Leben pflanzt sich fort durch sie. Genetisch besteht jedes Kind zu je fünfzig Prozent aus seinen Eltern. In diesem Sinne erstrecken sich also beide in ihre Kinder hinein, und sie sind im Kind untrennbar miteinander verbunden. Das Kind ist die Fleischwerdung, die Inkarnation ihrer Verbindung, ihrer sexuellen Begegnung, ihrer Liebe. Insofern sind sie im Kind immer aneinander gebunden, auch dann, wenn die Beziehung auseinander geht. Das Kind entsteht allerdings nicht aus der Liebe, sondern aus der Sexualität, und zwar der gegengeschlechtlichen Sexualität, denn nur diese schafft neues Leben. Daher ist es die Sexualität, die zur Bindung führt, nicht die Liebe. Eine so genannte platonische Beziehung erzeugt keine Bindung, eine sexuelle Beziehung, in der die Zeugung ausgeschlossen ist, zumeist auch nicht. (Eine homosexuelle Beziehung also normalerweise ebenfalls nicht. Vielleicht gibt es aber in manchen Fällen ein Element in homosexuellen Beziehungen, das der Fruchtbarkeit der heterosexuellen Zeugung nahe kommt und daher auch Bindung stiften kann. Da ich darüber zu wenig Erfahrungen und Beobachtungen habe, möchte ich dies offen lassen).

Die Liebe spielt zwar auch eine Rolle, aber eher indirekt. Ein Paar, das sich in Liebe auf die Sexualität einlässt, bekundet damit implizit die Bereitschaft, sich miteinander fortzupflanzen und in einem Kind zu verbinden. Die Liebe ist eine Art unausgesprochenes Versprechen auf ein gemeinsames Leben und gemeinsame Kinder, zumindest fasst unser Unterbewusstsein dies so auf. Daher erfahren wir eine Beziehung, in der Liebe und Sexualität verbunden sind, zumeist als Bindung, auch dann, wenn sie auseinandergeht, ehe Kinder kommen.

Ähnlich verhält es sich mit Verlobung und Heirat: Sie sind ein – diesmal öffentliches – Versprechen auf eine gemeinsame Zukunft und, da die Ehe natürlicherweise auf Kinder ausgerichtet ist, auch auf gemeinsame Kinder. Daher binden beide die Partner aneinander, unabhängig davon, wie die Sache ausgeht.

Nun steht heute Autonomie und Unabhängigkeit höher im Kurs als Bindung. Viele suchen sie zu meiden, indem sie zum Beispiel als Paar zusammenleben, ohne zu heiraten. Das ist für das Paar in mehrfacher Hinsicht problematisch. Zunächst einmal ist es illusionär zu meinen, man entgehe so der Bindung. Auch unverheiratete Paare sind aneinander gebunden, die Seele macht da keinen großen Unterschied.

„Eben", mag jetzt mancher Ehegegner sagen, „wozu dann heiraten? Es reicht doch, wenn wir beide uns so aufeinander einlassen!" Wenn sie sich wirklich ganz einlassen würden, würde es tatsächlich reichen. Aber in den meisten Fällen, die mir begegnet sind, stand hinter dem Nicht-Heiraten ein Vorbehalt. Und zwar nicht nur ein Vorbehalt gegen die Ehe als staatliche und moralische Institution, sondern ein Vorbehalt gegen die Bindung oder gegen den Partner.

Einfach gesagt: Wer seinen Partner nicht heiraten will, sagt meist nicht ganz ja zu ihm. Er /sie will sich nicht festlegen. Indirekt sagt er: Mal sehen, wie es läuft, ich halte mir eine Ausstiegsoption offen. Dahinter steckt oft eine Weigerung, ganz erwachsen zu werden.

Mit einer Heirat sorgt man für klare Verhältnisse. Gewiss kann sie scheitern, aber man kalkuliert das Scheitern nicht gleich mit ein – es sei denn, man macht einen Ehevertrag. Das kann durchaus sinnvoll sein, wenn große Vermögen oder wirtschaftliche Unternehmungen im Spiel sind – der Vertrag dient dann dem Schutz der Privatsphäre und der Familie. In den meisten Fällen ist es jedoch ein vorweggenommener Scheidungsvertrag, der zeigt, dass man einander oder sich selbst nicht traut. Dann kann man es auch gleich bleiben lassen. Die Heirat ist ein Schritt über eine Schwelle, ein Bekenntnis zum Partner und zur Beziehung. Das Nicht-Heiraten ist die Verweigerung dieses Schrittes und dieses Bekenntnisses.

Eine Bindung entsteht aber auch aus einer bloß flüchtigen sexuellen Begegnung, wenn dabei ein Kind gezeugt wird. Denn mit der Zeugung ist diese Begegnung fruchtbar geworden, egal, ob die Betroffenen dies wollen oder nicht. Das Leben nimmt, wie ich bereits dargelegt habe, in seinem

Drang, sich selbst zu erhalten, auf den Einzelnen keine Rücksicht. Jeder „Unfall" führt also zur Bindung, auch dann, wenn das Kind nicht zur Welt kommt. Wenn es abgetrieben wird, entsteht sogar eine noch tiefere Bindung. Denn die Abtreibung ist ein Eingriff ins Leben. Hier wird dem Kind das Leben wieder genommen. Und ebenso wie das Geben führt auch das Nehmen des Lebens zur Bindung.

Wer also, dies sei hier nur der Vollständigkeit halber erwähnt, jemanden umbringt, ist ihn nicht etwa los, sondern ein Leben lang an ihn gebunden (daher ist das deutsche Volk keinem anderen so verbunden wie dem jüdischen; die nächst stärksten Bindungen bestehen ebenfalls zu Völkern, mit denen es die meisten Kriege gab, also Frankreich, Russland). Ebenso verbinden sich Soldaten, die die Frauen des Feindes vergewaltigen, ironischerweise mit dem Feind, und zwar durch die Tat wie durch das Leben, das dadurch unter Umständen gezeugt wurde.

Bindung entsteht also im Geben und Nehmen des Lebens. Wer Bindung, wer eine feste, tiefe Beziehung möchte, muss sich in den Dienst der Weitergabe des Lebens nehmen lassen. Wer sich umgekehrt, sei es bewusst oder unbewusst, darauf eingelassen hat, ist gebunden. Wie tief die Bindung ist, sieht man daran, wie schwer es ist, sich aus einer Beziehung zu lösen, und daran, welche Folgen eine leichtfertige Trennung hat. Äußerlich können wir heute jede Bindung lösen, innerlich jedoch nicht. Konkret: Ich kann mich scheiden lassen, aber die Bindung an meine Frau besteht fort. Eine gewisse Freiheit kann ich erlangen, wenn ich diese Bindung mit all ihren Folgen anerkenne, sie und die Frau und alles, was ich mit ihr erlebt habe, als Teil meines Lebens achte und in meinem Herzen bewahre.

Wenn es dort, in meinem Herzen, einen guten Platz hat, gibt mir die Liebe die Freiheit, weiterzugehen und vielleicht neue Bindungen einzugehen. Wenn man aber eine frühere Bindung ignoriert, als Irrtum abwertet oder eine feste Beziehung leichtfertig aufgibt, wirkt sich dies sowohl negativ auf spätere Beziehungen aus als auch auf Kinder aus dieser oder einer späteren Partnerschaft.

Daraus ergibt sich, dass wir in und aus Bindungen nicht beliebig ein- und aussteigen können. Sexuelle Beziehungen haben, sobald sie auf eine gewisse Dauer ausgerichtet sind oder fruchtbar werden, Folgen, die sich auf jede weitere Beziehung auswirken. Diese Folgen ergeben sich jenseits aller moralischen Vorstellungen, sie sind sozusagen Bestandteile des Spiels. Wenn wir aber die Bindung bejahen, geht sie tiefer. Je mehr ich in einer Beziehung gebe und je mehr ich nehme, umso reicher und tiefer wird die Beziehung und die Bindung. Merkwürdigerweise wird aber auch die Freiheit umso größer. Bevor ich darauf eingehe, möchte ich mich jedoch noch einer anderen wichtigen Spielregel zuwenden, dem Ausgleich.

Ausgleich

Der Ausgleich spielt in allen menschlichen Beziehungen eine herausragende Rolle. Wenn wir etwas gegeben haben, erwarten wir dafür etwas zurück; wenn wir etwas bekommen und genommen haben, fühlen wir uns dem Geber gegenüber verpflichtet. Gleichen wir dies nicht aus, entsteht ein Gefühl von Schuld; ist es ausgeglichen, sind wir „quitt". Das Wort „quitt" kommt vom lateinischen *aequus*, was „gleich" bedeutet. Die Beziehung ist damit also wieder im Gleichgewicht, die Bilanz von Geben und Nehmen ist ausgeglichen.

Im gesellschaftlichen Verkehr ist die heute übliche Form des Ausgleichs die Bezahlung. Ich bekomme etwas und bezahle dafür, oder ich gebe etwas und erhalte Geld dafür. Mit dieser Art des Ausgleichs fühlen sich, wenn er fair ist, alle gut. Beide haben etwas bekommen, was sie haben wollten oder brauchen können, und somit haben beide etwas gewonnen. Geben und Nehmen führt also, wenn es funktioniert, für alle Beteiligten zu einem Gewinn.

Mit dem Ausgleich durch Bezahlung ist jedoch die Beziehung vorbei. Sie kann zwar jederzeit wieder neu aufgenommen werden, aber wenn man quitt ist, ist man quitt. Das gilt für jede Art des Ausgleichs, bei der das Nehmen durch ein Äquivalent, also ein Geben, das den gleichen Wert hat wie das Genommene, ausgeglichen wird. Wenn keiner mehr in der Schuld des anderen ist, sind beide frei für den weiteren Austausch mit anderen.

Auch in der Paarbeziehung spielt der Ausgleich von Geben und Nehmen eine wichtige Rolle, aber die Umstände sind hier anders. Eine Beziehung ist nicht darauf angelegt, dass man mit dem Partner möglichst schnell quitt ist, denn dann wäre die Beziehung vorbei. Ganz im Gegenteil: Beide möchten, dass sich die Beziehung vertieft. Daher ist es keine gute Idee, eine Paarbeziehung nach den Regeln des gesellschaftlichen Austauschs zu gestalten. Diese Regeln haben sich nämlich entwickelt, um den freien Warenverkehr zu ermöglichen, bei dem jeder nach erfolgtem Austausch frei ist; die beteiligten Personen sind in diesem Verkehr völlig austauschbar.

In einer Partnerschaft wollen wir das genaue Gegenteil: Der Partner soll weder beliebig noch austauschbar sein, und die Beziehung soll sich vertiefen. Deshalb sind alle Formen des gesellschaftlichen Verkehrs, wie zum Beispiel der bereits erwähnte Ehevertrag, in einer intimen Beziehung fehl am Platz. Anstatt der Beziehung zu dienen, machen sie daraus eine geschäftliche Angelegenheit. In einer Paarbeziehung hat die gesellschaftliche Form des Ausgleichs nichts zu suchen. Das gilt sowohl für rechtliche Regeln als auch für marktwirtschaftliche Formen. Die Idee zum Beispiel, Hausarbeit zu bezahlen, zerstört die Familie und die Würde der Frau. Welcher Fortschritt soll darin liegen, dass sie wie eine Angestellte ihren Lohn bekommt? Das bringt sie auf die Ebene einer Hausangestellten. So würde die Ehe dann tatsächlich zum Geschäft. Unter der gesellschaftlich-politischen Idee der Gleichheit mag dies zwar Sinn machen, aber es verkennt, dass die Paarbeziehung etwas grundsätzlich anderes ist als eine vertragliche Partnerschaft.

Dies gilt, nebenbei bemerkt, auch für die übrige Familie, also die Beziehung zwischen Eltern und Kindern. Ich erinnere mich an einen Mann, der mit einer schweren Psoriasis, also einem schmerzhaften Ausschlag an Händen und Armen, zu mir kam. In der Aufstellung, die ich mit ihm machte, konnte sein Stellvertreter nicht zum Vater hinschauen. Auf Befragen stellte sich heraus, dass der Mann seinen Vater erfolgreich verklagt hatte, ihm sein Studium zu finanzieren. Er hatte also ein Recht in Anspruch genommen, aber seine Beziehung zum Vater war zerstört. Zugleich hatte das Männliche und das Väterliche in ihm selbst Schaden genommen. Seine Ehe war geschieden, die Beziehung zu den Kindern schwierig.

Wir haben ein Ritual gemacht: Er musste sich vor den Vater knien, die Stirn bis zur Erde gebeugt, die Hände dem Vater bittend entgegengestreckt, und sagen: „Bitte, Vater.

Bitte lass mich wieder dein Sohn sein. Es tut mir leid." Dieses Ritual konnte gelingen, weil es ihm tatsächlich leid tat. Das – weder von mir noch von ihm erwartete – Ergebnis war, dass seine Psoriasis am nächsten Tag verschwand. Inzwischen sind einige Jahre vergangen, und sie ist fast verschwunden geblieben. Nur gelegentlich meldet sie sich ein wenig, wenn er Stress hat und die Dinge aus der Ordnung geraten.

Kinder haben gegenüber ihren Eltern keine Ansprüche! Sie haben alles bekommen (weil sie das Leben bekommen haben). Wer mehr will, den bestraft sein Gewissen. Die Familie ist keine Gesellschaft, in der alle gleich sind. Manche gut gemeinten Einmischungen des Staates zum Schutz der Kinder haben für diese schlimmere Auswirkungen als mangelnde elterliche Fürsorge. Und auch für die Paarbeziehung ist manches schädlich, was im gesellschaftlichen Verkehr gut und nützlich ist.

Eine Paarbeziehung wird weniger dadurch gefährdet, dass Geben und Nehmen nicht in gleichem Verhältnis zueinander stehen, als dadurch, dass die beiden Partner nicht mit vollen Händen und ganzem Herzen und ohne Rücksicht auf Verluste geben und nehmen. Ja, das rücksichtslose Geben, das nicht danach fragt, was man zurück bekommt, und das ebenso rücksichtslose Nehmen, das nicht danach fragt, was man dafür geben muss, steht an der Wiege der Beziehung und begründet sie.

In der Beziehung erfolgt der Ausgleich dadurch, dass ich alles, was mir vom Partner gegeben wird, als Geschenk nehme. Verweigere ich das Nehmen oder versuche ich, durch eine Gegengabe zu bezahlen, fühlt sich der Gebende zurückgewiesen. Wenn ich einem Menschen eine Freude machen möchte und ihm etwas schenke (egal, ob es etwas

Kleines oder etwas sehr Kostbares ist), und er sich ziert, indem er etwa sagt: „Das kann ich doch nicht annehmen" oder gar darauf besteht, mein Geschenk sogleich mit Gleichem zu vergelten, fühle ich mich und mein Geschenk nicht geachtet. Denn es geht ja gerade darum, dass ich etwas schenken will. Dies wird am besten gewürdigt, wenn der andere sich freut und das Geschenk als solches, als Geschenk also, nimmt und dankt. Damit ist alles ausgeglichen.

Es hat allerdings eine Konsequenz: Es vertieft die Beziehung. Je mehr auf diese Weise geschenkt und genommen wird, umso tiefer (und reicher) wird die Beziehung. Dies macht auch aus einer anderen Perspektive noch einmal deutlich, wieso die Sexualität zur Bindung führt: Sobald sie fruchtbar wird, entsteht das größte, was der Mensch erschaffen kann (genauer: was die Natur durch den Menschen schafft): neues Leben. Und dies entsteht, indem der eine (der Mann) gibt, und die andere (die Frau) nimmt. Das erklärt, wieso die Zeugung wie nichts anderes bindet. In einer allgemeineren Sicht kann man sagen, dass Bindung durch den Ausgleich im Nehmen entsteht. Je intensiver der Austausch ohne Gegengabe ist, umso tiefer wird die Bindung. Instinktiv wissen wir das alle. Wenn wir von einem Menschen ständig beschenkt werden, werden wir vorsichtig. Wir ahnen nämlich, dass daraus eine Beziehung oder gar Bindung entstehen könnte, wenn wir die Geschenke annehmen. Deshalb ist es uns peinlich, wenn uns jemand etwas schenkt, mit dem wir keine intime Beziehung wollen, und weisen das Geschenk entweder zurück oder gleichen es durch eine Gegengabe aus.

Wenn ein Mann eine Frau zum Essen einlädt und bezahlt, ihr Blumen oder Schmuck schenkt, weiß die Frau,

dass er etwas von ihr möchte. Entweder will er „das Eine"
oder er möchte mehr, nämlich eine Beziehung. Manche
Männer haben das zur Strategie entwickelt, dass sie eine
Frau so lange mit kleinen oder größeren Einladungen und
Geschenken umwerben, bis diese schließlich dem Gefühl,
etwas zurückzahlen zu müssen, nicht mehr standhalten
kann. Sie muss ihm dann entweder etwas zurückgeben
oder ihn endlich nehmen, also eine Beziehung mit ihm
anfangen. Wenn sie ihn los werden möchte, kann sie ihm
sogar eine Nacht schenken, bei der sie die Gebende und er
der Nehmende ist – dann sind sie quitt.

In der Paarbeziehung vollzieht sich der Ausgleich also
nicht direkt und auf gleicher Ebene durch Zurückgeben,
sondern indirekt durch Nehmen. Im Nehmen wird der
Gebende gewürdigt, ebenso wie im bedingungslosen Geben der (die) Nehmende gewürdigt wird. Diese Würdigung ist der Ausgleich.

Wir empfinden diese Würdigung auch als Liebe. Darin
werden wir nämlich vom anderen als Person gesehen, die
uns so viel bedeutet, dass wir ihr etwas Großes ohne Bedingung zu geben bereit sind, oder dass wir uns von ihr
beschenken lassen. Das Große ist bei der Sexualität zwischen Mann und Frau ein Kind. Die größte Würdigung
besteht darin, dass wir eine Frau als Mutter oder einen
Mann als Vater unserer Kinder zu nehmen bereit sind. Es
genügt dabei, wenn eine Beziehung dies grundsätzlich
beinhaltet – es ist also durchaus vereinbar mit Verhütung
und Geburtenkontrolle. Wenn ein Paar dies aber grundsätzlich ausschließen möchte, fehlt der Beziehung die Substanz,
sie hat etwas trockenes und Unverbindliches.

Wenn wir ganz und bedingungslos geben und nehmen,
sind wir glücklich. Und zwar ist die Frau am glücklichsten,

wenn sie nehmen kann (was voraussetzt, dass er gibt), und der Mann, wenn er geben kann (was voraussetzt, dass sie nimmt). In diesem Zusammenhang ist interessant, dass Männer sich nach dem Orgasmus oft leer, traurig oder leicht depressiv fühlen. Man spricht auch von der post-koitalen Traurigkeit oder Depression des Mannes, als sei dies etwas Natürliches. Diese Depression tritt ein, wenn Geben und Nehmen nicht vollständig waren. Der Mann verliert dann beim Geschlechtsakt Energie. Sein Samen wird quasi nicht aufgenommen, er wird nur verschleudert. Dies ist der Fall, wenn beide sich gegenseitig zur Lustbefriedigung benutzen. Dann wollen nämlich beide nur nehmen, oder es ist ein Geschäft auf Gegenseitigkeit (ich gebe dir meine Lust und nehme mir deine), und am Ende merkt der Mann, dass er doch etwas abgegeben hat. Er hat nämlich Energie verloren, während sie welche gewonnen hat.

Dabei geht es nicht darum, dass Sex und Lust etwas Schlechtes wären, sondern um die Haltung, mit der ich diesen Kräften begegne. Benutze ich sie oder lasse ich mich ein? Gebe ich mich hin oder will ich etwas haben (zum Beispiel einen Orgasmus)? In einem Liebesakt, wo er bereit ist, sich der Frau zu schenken, und sie bereit ist, sich von ihm beschenken zu lassen und ihn ganz in sich aufzunehmen, fühlt er sich auch nach dem Akt nicht leer. Denn indem sie ihn genommen und er sich ihr gegeben hat, hat er das, was er auf sexueller Ebene gibt, auf einer anderen Ebene (der des Herzens) zurückbekommen. Dazu muss die Frau aber nicht bewusst etwas geben – das zerstört den Vorgang sogar –, sondern sie muss nur aus ganzem Herzen nehmen. Das nährt wiederum sein Herz – er fühlt sich als Mann gesehen und genommen und ist glücklich. Die Liebe – das liebende Nehmen(!) – gleicht alles aus.

Aus dieser Sicht wird auch noch einmal deutlich, weshalb es unangemessen ist, wenn intime und familiäre Beziehungen nach gesellschaftlichen Mustern gestaltet werden: Der gesellschaftliche Austausch, der Ausgleich durch gleichwertiges Geben (Ökonomen nennen dies „Äquivalententausch") ist gerecht, aber er macht nicht glücklich. Dieser Ausgleich charakterisiert übrigens die Beziehung zwischen einer Prostituierten und einem Kunden; daher entsteht dort auch keine Bindung, und zwar deshalb nicht, weil bezahlt wird. Ähnlich verhält es sich bei eher unpersönlichen sexuellen Begegnungen oder bei Affären, wo beide nur ihre eigene Lust im Sinn haben, ohne den anderen wirklich wahrzunehmen und sich zu verschenken. Es macht nicht glücklich und führt, sofern dabei kein Kind gezeugt wird, auch nicht zu einer Bindung. Glück erfahren wir nur im bedingungslosen Geben und bedingungslosen Nehmen.

Wenn die Kinder aus dem Haus sind

Ein katholischer und ein evangelischer Priester und ein Rabbi sollen in einer Talkshow dazu Stellung nehmen, zu welchem Zeitpunkt menschliches Leben beginnt.

Für den Katholiken ist die Sache einfach: Menschliches Leben beginnt mit der Zeugung.

Sein evangelischer Kollege ist da unentschlossener. Das könne man so rigoros nicht sagen, meint er, da gebe es doch erst das Potenzial zu einem Menschen. Vom Beginn menschlichen Lebens könne man erst sprechen, wenn sich der menschliche Körper mit allen Organen herausgebildet habe, also etwa ab dem vierten Monat einer Schwangerschaft.

„Wovon redet ihr da eigentlich", meldet sich jetzt der Rabbi zu Wort, „menschliches Leben beginnt, wenn die Kinder aus dem Haus sind und der Hund tot ist."

Und dann, so könnte der Eheberater fortführen, schickt die Frau den Mann aus dem Haus, weil er ihr schon lange auf die Nerven geht und sie ihn jetzt nicht mehr braucht, oder er verlässt sie, weil er eine Jüngere gefunden hat. Aber letzteres muss schon ein Mann aus besseren Kreisen, einer mit Geld oder Prestige sein, denn junge Frauen zieht es nur zu alten Männern, wenn es sich dabei um Alphamännchen handelt. Der gewöhnliche Mann wird von seiner Frau verlassen, wenn er sich nicht rechtzeitig darum kümmert, dass seine Beziehung mit neuem Inhalt gefüllt wird, wenn die Kinder aus dem Haus sind.

So oder so: Wenn die Kinder erwachsen werden und sich anschicken, den elterlichen Haushalt zu verlassen, brechen für die Ehe schwere Zeiten an. Das hat einmal ganz praktische Gründe: Für die Mütter ändert sich die gesamte Lebensausrichtung. Vor allem, wenn sie nicht oder nur Teilzeit berufstätig waren, bricht der Sinn und Inhalt ihrer Arbeit und ihres bisherigen Lebens weg. Aber auch für berufstätige Mütter ändert sich der Fokus ihres Lebens drastisch. Dass sie damit mehr Zeit für sich selbst gewinnen, ist für die Beziehung oft eher eine Belastung als eine Erleichterung. Auf jeden Fall stehen sie vor der Aufgabe, die neue Freiheit und Freizeit mit etwas anderem zu füllen, das für sie Sinn macht. Oft fallen in diesen Zeitraum auch noch die Wechseljahre mit ihren hormonellen Veränderungen. Es ist eine Zeit großer Veränderungen, und dies trifft auch die Beziehung.

Diese hat die vergangenen zwanzig oder dreißig Jahre ihren Sinn und Zweck wesentlich auch in der Sorge um die

Kinder gehabt. Fällt dies weg, haben wir plötzlich wieder eine Zweierbeziehung. Geht das überhaupt noch? Wohl nur, wenn die beiden die Beziehung auch vorher gut gepflegt haben und sich nicht nur als Vater und Mutter, sondern auch als Paar gesehen haben. Aber auch dann haben sie einen schwierigen Übergang zu bewältigen: Die Beziehung braucht einen neuen Sinn, eine neue Ausrichtung. Das ist nicht nur eine Frage der Liebe, sondern auch die Frage, wozu die Beziehung, jenseits der gegenseitigen Versorgung, noch da ist. Der Fortpflanzungszweck ist erledigt, die Erziehung und Versorgung der Kinder ebenfalls. Die Frage ist: Ist die Beziehung noch fruchtbar?

An diesem Punkt gibt es zwei Wege: den in den Beziehungsruhestand und den in eine neue, offene, produktiv-kreative Zukunft. Der Beziehungsruhestand folgt dem üblichen Rentnerdasein: Man lebt vom Kapital der Vergangenheit, macht eine Art Dauerurlaub (mit vielen Reisen oder zu Hause) und lässt das Leben (und auch die Beziehung) langsam ausklingen. Vielen genügt dies. Wem sich jedoch die Frage nach der Fruchtbarkeit stellt, wer sein Leben als Suche nach Wahrheit oder als innere Entwicklung gelebt hat und weiterleben möchte, den wird das nicht befriedigen. Der kreative Weg sucht nach neuen Perspektiven, neuer Kreativität, nach Wachstum. Für die Beziehung heißt das: In der Liebe wachsen, sie auf andere Weise als durch Kinder schöpferisch werden lassen.

Reifestufen der Liebe

Liebe und Bewusstsein

Bis hierhin habe ich die Grundlagen der Beziehung von Mann und Frau beschrieben sowie versucht, einen kreativen Umgang mit einigen typischen Problemen aufzuzeigen, die im Beziehungsalltag auftauchen. Diese Grundlagen sind zwar einerseits fest und in der Substanz zeitlos, andererseits ändert sich jedoch die Art und Weise, wie wir Menschen sie wahrnehmen, uns dazu stellen und verhalten. Und zwar ändert sie sich sowohl im individuellen Lebenslauf als auch in kollektiv-kultureller Hinsicht. Sexualität, Liebe und Beziehung werden heute ganz anders gelebt als vor hundert oder tausend Jahren, und für einen Erwachsenen bedeutet Liebe etwas ganz anderes als für ein Kind – oder sagen wir: Sie sollte etwas ganz anderes bedeuten, denn die meisten Erwachsenen bleiben teilweise in einer kindlichen Sicht der Liebe. Wenn wir uns ihr ganz überlassen, nimmt uns die Liebe mit in einen Reifungsprozess, der nicht auf die Beziehung beschränkt bleibt, sondern das gesamte Leben und unser gesamtes Bewusstsein betrifft. Diesen Prozess möchte ich abschließend skizzieren.

Als Kinder haben wir unsere Eltern geliebt, unsere Geschwister, wahrscheinlich auch unsere Großeltern und die eine oder andere Tante oder einen Onkel. Aber wir waren nie in sie verliebt. Als wir uns zum ersten Mal verliebt haben, sind wir einem ganz neuen Gefühl begegnet. Auch das nannte man Liebe, aber es fühlte sich ganz anders an. Später dann, in den mittleren Lebensjahren, schaut man lächelnd auf diese Zeit der Verrücktheit zurück – oder aber man sehnt sich noch einmal nach dem Kribbeln von damals und trauert ihm nach. Man spürt, dass Liebe noch etwas ganz anderes sein kann, kann dieses andere aber oft nicht fühlen. Die einen finden sich damit ab und nennen Liebe vielleicht eine Illusion, während andere sich auf die Suche nach der „wirklichen Liebe" machen.

Wir haben den verschiedenen Arten und Erfahrungen der Liebe Namen gegeben. Diese orientieren sich meist am Objekt oder am Subjekt der Liebe, zum Beispiel Kinderliebe, Elternliebe, Geschwisterliebe, Jugendliebe, oder an der Art des Gefühls, wie romantische Liebe, platonische Liebe, Herzensliebe, oder an dessen Intensität wie bei Verliebtheit, Liebelei, große Liebe, Seelenliebe. Diese Namen und Begriffe haben alle ihre Bedeutung. Wenn ich im Folgenden jedoch die Reifestufen der Liebe beschreibe, habe ich noch eine andere Unterscheidung im Sinn. Ich möchte darstellen, dass und wie wir in der Liebe und mit der Liebe wachsen, und wie die Liebe – und die Sexualität und die Beziehung – sich dabei verändert. Es geht mir also nicht um die verschiedenen Arten der Liebe, sondern um die Art und Weise, in der wir sie erleben und ausdrücken.

Diese Veränderung hat mit der Entwicklung unseres Bewusstseins zu tun. Das menschliche Bewusstsein unterliegt nämlich ebenso der Evolution wie alles andere. Es wächst und entwickelt sich auf zwei verschiedenen Ebenen: der kollektiven und der individuellen. Diese Ebenen sind allerdings nicht unabhängig voneinander, sondern beeinflussen sich wechselseitig. Das kollektive Bewusstsein wächst, weil sich die Erfahrungshorizonte, die Kenntnisse und die Lebenseinstellungen der einzelnen Menschen und damit auch die Regeln ihres Zusammenlebens verändern.

Deren individuelles Bewusstsein ist aber immer eingebunden in das Bewusstsein ihrer Zeit, von dem sich niemand ganz lösen kann. Diese beiden Ebenen, der kollektive Bewusstseinsstrom und der jeweilige individuelle Ort in diesem Strom, das jeweilige persönliche Bewusstsein, bestimmen auch die Art und Weise, wie wir die Liebe erfahren und wie wir Liebe, Sexualität und Beziehung miteinander verbinden und leben.

Ich habe die allgemeine Evolution des Bewusstseins ausführlich in meinem Buch *„Das Leben hat keinen Rückwärtsgang. Die Evolution des Bewusstseins, spirituelles Wachstum und das Familienstellen"* (Innenwelt Verlag, 2009) beschrieben. Für ein tieferes Verständnis, insbesondere der Verbindung zwischen individuellen und kollektiven, menschheitsgeschichtlichen Entwicklungen, möchte ich auf dieses Buch verweisen. Hier beschränke ich mich auf eine sehr knappe Zusammenfassung der persönlichen Entwicklung.

Wenn wir auf ein Menschenleben schauen, sehen wir bestimmte Phasen dieses Lebens, die sich, vor allem im ersten Lebensdrittel, sehr klar unterscheiden lassen. In jeder dieser Phasen ist unsere Erfahrung des Lebens (die Erfahrung von uns selbst und von unserer Umwelt) und damit unser Bewusstsein völlig unterschiedlich. Das beginnt mit der Zeit vor unserer Geburt, den neun Monaten im Mutterleib. Wie wir heute wissen, ist der Mensch bereits im Mutterleib ein vollständiges Wesen, an dem „alles dran ist" und das bereits wahrnehmen kann. Was zum eigenständigen Menschsein fehlt, ist lediglich die Reife, dass alle Organe selbstständig funktionieren. Zentrale Funktionen wie Kreislauf und Stoffwechsel werden noch vom Mutterleib übernommen, in den wir symbiotisch eingelassen sind – bis zur Geburt sind wir Teil der Mutter und ihres leib-seelischen Organismus. Aber es existiert bereits eine Art von Bewusstsein, denn wir registrieren und speichern Erfahrungen und Sinneseindrücke.

In Aufstellungen kann man sehen, dass zum Beispiel ein Unfall oder eine schwere Krankheit der Mutter, ein Abtreibungsversuch oder ein Zwilling, der im Mutterleib gestorben und abgegangen ist, im Unterbewusstsein der Betroffenen deutliche Spuren hinterlassen haben. Wir nehmen die Welt also wahr, bevor wir sie richtig betreten haben. Das Bewusstsein, das sich in dieser Zeit formt, ist ein Bewusstsein der Einheit, der Identität. Es nimmt zwar wahr und empfindet, kann aber nicht zwischen sich und anderen, zwischen Eigenem und Fremdem unterscheiden.

Mit der Geburt betreten wir die Bühne der Welt als eigenständige Wesen. Die Mutter ist jetzt ein Gegenüber, sie und ich sind nicht mehr eins, sondern zwei. Jetzt entwickeln sich auch eigene Bedürfnisse, die gegenüber der Mutter ausgedrückt werden müssen und mit deren Bedürfnissen kollidieren können. Die Eigenständigkeit bedeutet jedoch nicht, dass wir selbstständig sind. Das sind wir ganz und gar nicht. Wir sind ganz abhängig, zunächst von der Mutter, später auch vom Vater und von der weiteren Familie. Genau das ist das Charakteristikum der Kindheit: die Unselbstständigkeit und die Abhängigkeit von den Eltern. Diese Abhängigkeit und das daraus resultierende Bedürfnis nach Zugehörigkeit und Sicherheit prägt auch das Bewusstsein des Kindes. Was das Kind, vor allem das kleine Kind, braucht, kann es sich nicht selbst geben, sondern es fordert es von den Eltern (oder, wenn die nicht da sind, von anderen Erwachsenen).

Bedürftigkeit und Abhängigkeit oder, im Gegenteil, Sicherheit, Zugehörigkeit, Geborgenheit und Versorgtheit sind wesentliche Elemente des kindlichen Lebensgefühls. In der Jugend löst sich dies auf, ohne dass es eine wirkliche Lösung gibt. Wir streben nach Unabhängigkeit und suchen nach dem Eigenen, das uns von unseren Eltern und dem, woher wir kommen, unterscheidet, aber zugleich erfahren wir uns immer noch als abhängig, als nicht ganz selbstständig. In der Kindheit war diese Abhängigkeit noch recht unproblematisch, weil selbstverständlich und alternativlos, jetzt wird sie schmerzhaft. Das Leben scheint einen eigenen Ruf an uns auszusenden, der aber sehr vage und unklar ist. Um dem zu folgen, beginnen wir, das Überkommene zu hinterfragen oder auch pauschal abzulehnen. Das Bewusstsein, das sich hier formt, ist geprägt vom Zweifel und der Suche, der Suche nach etwas Eigenem, nach sich selbst.

Mit dem Eintritt ins Erwachsenenleben, der meist mit dem Verlassen des Elternhauses und/oder dem Beginn einer festen Beziehung (früher: Heirat) einhergeht, endet diese Suche für's Erste. Jetzt steht es an, die Verantwortung für sich selbst ganz zu übernehmen, aus dem Nein, dem Dagegen-Sein muss ein Ja, ein Dafür-Sein werden, nämlich für das eigene Leben und das eigene Handeln. Die Schwierigkeit dabei ist, dass dieses Ja keine feste Basis hat, denn wir wissen noch nicht wirklich, wer wir sind und warum wir tun, was wir tun. Das erwachsene Bewusstsein gründet also in der Zustimmung zu etwas, was es noch nicht wirklich begriffen hat – es ist die Zustimmung zum Leben in seiner ganzen Offenheit und Unbestimmtheit.

Erst auf der nächsten Stufe, beginnend mit der „midlife crisis" in den Vierzigern oder den Wechseljahren, zeigt sich deutlicher, wohin die Reise unseres Lebens geht und was tatsächlich unsere Aufgabe oder Berufung ist. Davor steht meistens eine tiefe Krise und nochmalige Suche ähnlich der in der Jugend. Wer diese Krise und die Suche annimmt und durchlebt, wird auf eine neue Bewusstseinsebene gehoben und erfährt auch die zweite Lebenshälfte nicht als allmählichen Abstieg, sondern als Entwicklung in immer weitere Dimensionen des Lebens. Es ist das Bewusstsein, dass das Leben uns tatsächlich will und uns etwas Bestimmtes aufgegeben ist (wir eine Aufgabe haben). Ich habe es das Sendungsbewusstsein genannt.

Danach kommen noch zwei Stufen, auf die ich hier nicht näher eingehen möchte. Denn was unsere Beziehungen und die Liebe betrifft, bewegen wir uns innerhalb der ersten vier Bewusstseinsstufen. Genauer gesagt: Wir bewegen uns hauptsächlich auf der kindlichen Stufe, brechen manchmal aus in die jugendliche und erreichen nur in unseren besten Momenten die erwachsene Ebene. Dass dies so ist, hängt vor allem mit zwei Dingen zusammen, auf die ich noch kurz eingehen möchte, bevor ich zu den Reifestufen der Liebe im Einzelnen komme: Erstens mit dem kollektiven Bewusstsein, in das wir als Einzelmenschen eingebunden sind, und zweitens damit, dass wir die Erfahrungen der jeweiligen Stufe nicht ganz integriert haben, so dass uns zum Beispiel bestimmte Erfahrungen der Kindheit immer wieder einholen.

Zu den genannten Stufen unserer lebensgeschichtlichen Entwicklung finden sich auch Entsprechungen auf der kollektiven Ebene der menschheitsgeschichtlichen (kulturellen) Entwicklung. Ich liste sie hier nur kurz auf:

– die in den verschiedensten Mythologien erzählten Ursprünge der Menschheit, die alle auf einen glücklichen Urzustand verweisen, in dem der Mensch eins war mit der Natur oder mit Gott (vorgeburtliche Bewusstseinsstufe, Einheitsbewusstsein); wirtschaftlich wäre dies die Zeit der Jäger und Sammler, wo man von dem lebte, was die Natur einem gab;

– die nach der Trennung vom Urzustand (christlich: nach der Vertreibung aus dem Paradies) einsetzende Zeit, in der der Mensch sich der Natur zwar verbunden, aber auch schon als ihr Gegenüber sieht, der ihr seine Existenz abringen muss – von der Viehhaltung (Nomaden) über den Ackerbau bis zur Industrialisierung –, die kulturell geprägt ist durch den Glauben an einen Gott (oder viele Götter), der wie ein Vater für die Menschen sorgt, sofern sie seine Gesetze befolgen, und durch den Vorrang der Gruppe (Stamm, Sippe, Volk, Familie) vor dem Einzelnen (kindliche Bewusstseinsstufe, Gruppenbewusstsein);

– die mit der Aufklärung einsetzende Lösung von Gott und dessen Ersetzung durch den Menschen selbst (die „Vernunft" und die Wissenschaft), die eine allmähliche Ablösung vom Vorrang der Gruppe (Individualisierung) mit sich bringt, die sich aber erst in der zweiten Hälfte des letzten Jahrhunderts (ab den Sechziger Jahren) in breitem Umfang durchsetzt (jugendliche Bewusstseinsstufe, Ich-Bewusstsein);

Die weiteren Ebenen spielen kollektiv noch keine Rolle, wenn man einmal davon absieht, dass es erste zarte Ansätze zu einem erwachsenen Bewusstsein der Stufe 4 gibt.

Wie sich unser Bewusstsein entwickelt und das Liebesleben prägt

Unser kollektives Bewusstsein in Sachen Liebe und Beziehung befindet sich noch weithin auf der zweiten, der kindlichen Bewusstseinsstufe. Es stellt die Werte und die Bedingungen von Zugehörigkeit und Sicherheit in den Vordergrund. Liebe und Beziehung sind gebunden an sexuelle Treue, Monogamie und Verlässlichkeit. Und zwar nicht nur an Verlässlichkeit in praktischen Dingen, sondern auch von Gefühlen. Der Begriff der Treue wird weithin mit sexueller Treue gleichgesetzt, und lieben darf man niemanden außerhalb der eigenen Familie. Nun wissen wir aber, dass Gefühle ein Eigenleben haben, sie kommen und gehen nicht einfach, wann und wie wir dies wollen. Es verlangt also die Kontrolle sowohl des Triebs als auch der Gefühle. Zwar sind wir dem kindlichen Bewusstsein so weit entwachsen, dass fast jeder weiß, dass eine perfekte Kontrolle weder möglich noch wünschenswert ist (denn wenn sie gelänge, würden wir nicht mehr fühlen, und das wäre kein schönes Leben), dies ist aber nicht wirklich anerkannt. Das Leitbild der einen großen Liebe, die ein Leben lang dauert, der einen festen Beziehung, der man treu bleibt, gilt nach wie vor. Das Wissen darum, dass diese Idee dem Menschen nicht entspricht und daher praktisch nicht lebbar ist (womit ich nicht meine, dass es keine große Liebe und keine menschliche Treue gibt), hat lediglich dazu geführt, dass inzwischen „Fehltritte" weithin toleriert werden – aber sie bleiben Fehltritte. Und Trennungen von Ehen und anderen festen Beziehungen sind zwar eher die Regel als die Ausnahme, aber sie werden als Versagen und als (eigene oder des anderen) Schuld empfunden.

Die Wirklichkeit zwingt uns zwar, zur Kenntnis zu nehmen, dass die menschliche Liebe sich nicht in eine lebenslängliche Beziehung zwingen lässt, aber das kollektive Bewusstsein, in dem wir uns bewegen, hat noch kein Bild und keine Form von Liebe, Sexualität und Beziehung entwickelt, das bzw. die über die feste, ausschließliche und nach Möglichkeit lebenslange Zweierbeziehung hinausgeht. Das „lebenslänglich" gilt vielleicht nicht mehr so ganz, die „Lebensabschnittspartnerschaft" hat sogar schon als Begriff (und sprachliches Monster) Einzug gehalten, aber wirklich akzeptiert ist sie deshalb noch lange nicht. Wer heiratet, meint nach wie vor „für immer", und wenn es anders kommt, muss einer schuld sein oder versagt haben. Dies gilt allen sexuellen und kulturellen „Befreiungsbewegungen" der letzten fünfzig Jahre zum Trotz. Deshalb ist es für den Einzelnen oder das einzelne Paar außerordentlich schwierig, in eine reifere Stufe der Liebe hineinzuwachsen und diese praktisch zu leben.

Die zweite große Schwierigkeit besteht darin, dass wir die Wunden und unerfüllten Wünsche unserer Kindheit mit in unsere Liebesbeziehungen nehmen. Das geschieht zunächst ganz unbemerkt. Wenn überhaupt, merken wir es vielleicht nach vielen Jahren (zum Beispiel, wenn wir selbst Kinder haben und diese in die Pubertät kommen) oder wenn mehrere Beziehungen gescheitert sind. Wir suchen das, was wir in unserer Kindheit vermisst haben, bei unserem Partner, oder wir wiederholen Erfahrungen, die wir als Kind gemacht haben, aber innerlich ablehnen, immer wieder in unseren Beziehungen. Das reicht sogar über die Kindheit hinaus zu den Erfahrungen im Mutterleib. So scheinen mir zum Beispiel all diejenigen, die nach einem „Seelenpartner" suchen, sich in den Mutterleib zurückzusehen. Viele von ihnen hatten wahrscheinlich vor ihrer Geburt einen Zwilling, der im Mutterleib gestorben und abgegangen ist. Dies geschieht meist unbemerkt, aber Blutungen in der Schwangerschaft sind ein Indiz dafür. Ich kann das nicht beweisen, aber die Beobachtungen in Familienaufstellungen stützen diese These sehr. Der Zwilling kann auch mit ihnen verwachsen sein, man findet manchmal Reste von seinem Gewebe bei Operationen.

Meistens sind es jedoch die ganz gewöhnlichen Kindheitsgefühle von fehlender Nähe, Zärtlichkeit, Aufmerksamkeit, Verständnis, Anerkennung oder von erdrückender und vereinnahmender Liebe, Sorge, Begrenzung, Grenzüberschreitung, elterlicher Forderung und kindlicher Überforderung usw., die wir in unsere Liebesbeziehungen hineintragen und deren Erfüllung oder Beachtung wir vom Partner erwarten – und zwar meist unausgesprochen, so dass dieser gar nicht weiß, was er alles erfüllen soll. Die Folge ist, dass unsere Liebesbeziehungen hoffnungslos überfordert sind – wir überfordern unsere Partner, wir überfordern uns selbst, und wir überfordern auch die Liebe, die das alles tragen soll.

Positiv gesagt: Wir müssen innerlich wachsen, damit wir fähig sind, unsere Kindheit ganz zu uns selbst zu nehmen (anstatt die Erfüllung der kindlichen Wünsche vom Partner oder der Beziehung zu erwarten). Nur indem wir innerlich ganz erwachsen werden, können wir eine erwachsene Form von Beziehung entwickeln, die sich dann auch noch gegen die kollektiv vorherrschenden kindlichen und jugendlichen Beziehungsphantasien und -formen zu behaupten hat. Im Folgenden werde ich skizzieren, wie eine solche Reifung der Liebe aussehen kann. Ich folge dabei den erwähnten allgemeinen Reifestufen eines menschlichen Lebens und den dabei vorherrschenden Bewusstseinsinhalten. Da wir nie als Einzelwesen, sondern immer in Gemeinschaft existieren, beziehe ich die kollektiven Bewusstseinskontexte immer mit ein, auch wenn mein Fokus auf dem Wachstum des Einzelnen liegt.

Vier Stufen zur reifen Liebe

Stufe 1:
Liebe als Identifikation, Sex als natürlicher Trieb

Empfindet ein Säugling, der an der Brust der Mutter liegt, mit den Händchen nach ihr greift, ihre Brust nimmt und sich satt saugt, sie hinterher mit großen Augen anschaut oder selig einschläft, Liebe? Und was fühlt erst ein Kind im Mutterleib? Ist das Liebe, was es mit der Mutter verbindet? Und wenn ja: Was ist das für eine Liebe, worauf gründet sie, wie fühlt sie sich an? Wir können nur Vermutungen anstellen, denn wir haben keine Erinnerung. Aber wir können unsere Vermutungen auf Beobachtungen stützen, beim Säugling auf direkte und indirekte, beim Fötus nur auf indirekte. Vor allem sind dies Beobachtungen, die wir in der Therapie machen, zum Beispiel bei Familienaufstellungen, in der Hypnotherapie und verschiedenen Atemtherapien, die es ermöglichen, den Klienten mit perinatalen (geburtlichen und nachgeburtlichen) und pränatalen (vorgeburtlichen) Bewusstseinszuständen in Kontakt zu bringen. Dabei werden unbewusste Erinnerungen angezapft, die – vor allem bei Atemtherapien (wie „Holotropes Atmen" oder „Rebirthing") – auch intensive Gefühlszustände beinhalten. Allerdings wissen wir nicht, ob das Kind oder der

Fötus das, was der erwachsene Klient in der Sitzung empfindet und emotional ausdrückt, wirklich genau so gefühlt hat. Wahrscheinlich ist das fötale Empfinden, wenn ein Erwachsener es wiedererlebt, durch das erwachsene Gefühlsleben zumindest beeinflusst. Was wir als Liebe empfinden, muss nicht dasselbe Gefühl sein, das auch ein Säugling oder gar ein Fötus empfindet.

Das gilt auch für das Familienstellen, wo die Stellvertreter in einer Aufstellung die primäre Liebe zur Mutter tief fühlen und ausdrücken. Dabei, genauer gesagt bei der Form der Aufstellungsarbeit, die den Bewegungen der Seele folgt, kann man aber sehr gut beobachten, worin die pränatale und perinatale Liebe besteht und daraus Rückschlüsse auf die Art des fötalen und frühkindlichen Fühlens ziehen. Man stellt einen Klienten und seine Mutter auf, richtet sich innerlich aus auf die Zeit der Schwangerschaft und Geburt und überlässt die Stellvertreter von Mutter und Kind den Bewegungen, die aus ihrem Innern entstehen. Es kommt dann zu einer exakten Abbildung des Geburtsprozesses und, wenn es in der Schwangerschaft ernsthafte Komplikationen gab, auch zur Abbildung dieser Vorgänge. Dabei sieht man, dass das Kind (der Fötus) sich völlig synchron zur Mutter verhält. Ist die Mutter beispielsweise ernsthaft krank während der Schwangerschaft oder droht sie, das Kind zu verlieren, wird sich das Kind so gut wie nicht bewegen. Es unterlässt fast jeden eigenen Lebens- und Bewegungsimpuls, um ja die Mutter nicht zu gefährden. Ebenso verhält es sich, wenn die Mutter es abtreiben wollte: Es rührt sich so wenig wie möglich (auch später, wenn die Abtreibungsgefahr objektiv vorbei ist), um nicht aufzufallen und der Mutter nicht zur Last zu fallen. Das setzt sich dann fort bei der Geburt.

Zwar verlangt die eigene Lebensenergie, dass sich das Kind bewegt, um nach draußen, ins Leben zu kommen, aber es tut dies so zurückhaltend wie möglich, wenn es als Fötus die Erfahrung gemacht hat, dass die Mutter es nicht haben wollte oder die Gesundheit oder gar das Leben der Mutter in Gefahr war. Dies kann dann bereits die Grundlegung für ein Muster sein, das ein ganzes Leben lang hält.

Was sagt uns das über die Art der Liebe in der fötalen Phase unseres Daseins? Sie ist keine Ich-Du-Beziehung, ihr liegt keine Zweierbeziehung zugrunde, sondern eine Symbiose, eine Existenz im Lebensraum (Bios) der Mutter. Was sich als Liebe zeigt, ist die Anpassung des Bewusstseins an diesen Lebensraum, das Mitschwingen des werdenden Kindes mit der Mutter. Dabei ist die scheinbare Selbstlosigkeit des Fötus, die Rücksichtnahme auf die Mutter, nichts als die Voraussetzung des eigenen Überlebens. Das Kind muss sich der Mutter ganz hingeben – es muss sie, mit anderen Worten, „lieben" – um zu überleben. Selbstlosigkeit, Liebe und Egoismus oder Eigennutz sind ein- und dasselbe. Die Gefährdung der Mutter würde den eigenen Tod bedeuten. Die vorgeburtliche Mutterliebe des Fötus ist also eine perfekte Anpassungsleistung an seinen Wirt (die Mutter) zum Zweck des eigenen Überlebens. Dabei wird noch nicht unterschieden zwischen Eigenem und Fremdem, zwischen mir und der Mutter, sondern beides ist sowohl faktisch (organisch) als auch im Bewusstsein noch eins.

Was hat das mit der Liebe in der Paarbeziehung zu tun? Es beeinflusst sie auf zwei Ebenen:

- der persönlichen Ebene der Erfahrung, die ein Mensch konkret als Fötus gemacht hat und die in seinem persönlichen Unbewussten gespeichert sind, und

– der kollektiven Ebene, die die Menschheit als Ganzes mit dieser Phase gemacht hat und die unser kollektives Gedächtnis und auch unser Beziehungsverhalten vielleicht tiefer prägen, als wir wahrhaben möchten.

Wer sich schon im Mutterleib zurücknehmen und sich extrem anpassen musste, um sich und die Mutter nicht zu gefährden, wird auch in Beziehungen dazu neigen. Für ihn wird Liebe sehr viel mit Anpassung zu tun haben, und seine Sensibilität für das, was der Partner braucht, wird größer sein als die für seine eigenen Bedürfnisse. Letztere kennt er vermutlich gar nicht, und wenn sie sich mal bemerkbar machen, dürfte er eher darüber erschrecken als sich zu freuen und sie deutlich zu äußern, denn er wird Angst haben, dass dies die Beziehung gefährden würde. In der Beziehung wird er nach Symbiose, nach Einheit, suchen, wenn er sich denn auf eine Beziehung wirklich einlässt. Denn er wird zugleich eine große Unsicherheit oder gar Angst vor nahen Beziehungen verspüren, da er die Erfahrung gemacht hat, dass diese Einheit – und das ist für ihn seine Lebensgrundlage – sehr gefährdet und unsicher war.

Auf dieser Stufe dient alles dem unmittelbaren Überleben, und da das eigene Überleben vom Überleben der Umwelt (der Mutter) nicht zu trennen ist, gibt es auch keine wirklich eigenen Bedürfnisse. Die Liebe, sofern man überhaupt davon reden kann, ist ein intuitives Mitschwingen mit der Umgebung. Sie ist nicht personal, weil es weder ein Ich noch ein Du, noch nicht einmal ein Eigenes und ein Fremdes gibt. Das gilt nicht nur für den Fötus, sondern es gilt auch für die Menschheit in den frühesten Stadien ihrer Entwicklung und die Teile unseres Bewusstseins, die von dieser langen Zeit beeinflusst sind. Die früheste und primitivste Form von „Liebe" ist dieses unpersönliche Mitschwingen. Dass es nicht personal ist, bedeutet nicht, dass es ohne Gefühl wäre – die Gefühle scheinen hier durchaus sehr intensiv zu sein, aber eben nicht auf eine Person bezogen.

Auch die Sexualität ist hier nicht Ausdruck eines Bedürfnisses oder persönlichen Verlangens und einer persönlichen Beziehung, sondern natürlicher, notwendiger, unpersönlicher und zugleich unbewusster Akt zum Überleben. Mit anderen Worten: reiner Trieb. Man folgt diesem Trieb genau so, wie man isst oder trinkt. Auf einer tiefen Ebene werden wir nach wie vor von diesem ursprünglichen Überlebensprogramm gesteuert. Davon – genauer gesagt: von der Abwertung und Verdrängung dieser ursprünglichen Triebhaftigkeit – geht auch die eigentümliche Faszination der Pornografie aus. Pornografie ist eigentlich eine Art Götzendienst an der ursprünglich unpersönlichen Sexualität, wobei das, was einst natürlich und normal war, heute einen besonderen Kick gibt, weil es gegen die Zähmung der Sexualität aufbegehrt. Das Unerhörte und Ungehörige, zugleich aber auch ungeheuer Anziehende an der Pornografie ist ja, dass sie vollkommen unpersönlich ist – jeder treibt es wahllos mit jedem. Es geht nur und ausschließlich um Sex, je anonymer, desto geiler. Dahinter steckt ein Aufbegehren des ursprünglichen Triebes gegen seine Verurteilung und Einkerkerung, die sich seit dem Aufkommen der Geist-Religionen (Judentum, Christentum, Islam, Hinduismus, Buddhismus) fast auf der ganzen Welt ausgebreitet hat, ganz besonders in Europa.

Sheldon B. Kopp schreibt in seinem berühmten Buch *„Triffst du Buddha unterwegs "*, dass Sex der einzige natürliche Trieb sei, dem man sich entziehen kann, ohne zu sterben.

Die anderen beiden sind Essen und Trinken, und sie sind lebensnotwendig. Das stimmt natürlich. Er erwähnt aber nicht – und das übergehen auch all die Religionen, die den Triebverzicht fordern oder als spirituelle Leistung ansehen –, dass man sich damit aus der Schöpfung verabschiedet. Sex ist nämlich kein persönlicher, sondern ein kollektiver, ein Gattungstrieb, und als solcher ist er tiefer und bindet uns mehr als alles andere. Für jede Gattung ist die Reproduktion, das Weiterleben der Gattung, das Wichtigste, und dies wird beim Menschen durch den Sex gewährleistet. Der Einzelne stirbt nicht ohne Sex, aber die Menschheit würde ohne Sex eingehen. Je mehr wir versuchen, uns der sexuellen Reproduktion zu entziehen, umso stärker wird sich die Sexualität als unpersönliche Kraft in den Vordergrund schieben.

Ebenso wie die Sexualität ist auch die Liebe auf dieser ersten Stufe weniger eine Beziehung zwischen zwei verschiedenen Menschen als eine symbiotische Verbindung in einer Einheit, die dem Überleben dient. Wir tragen alle noch innere Bilder in uns, die uns die Liebe als Einheit oder glückliche Symbiose vorstellen – sei es, dass es eine Erinnerung an eine erlebte glückliche Symbiose mit der Mutter ist oder an eine immer gefährdete Einheit, die sich als mächtiger Wunsch in uns eingenistet hat. Kollektiv ist dies der Traum von einem Leben in glücklichem Einklang mit der Natur (der die Destruktivität der Natur verdrängt) oder in religiöser Hinsicht die Vorstellung vom Paradies, individuell die heimliche Sehnsucht nach dem Glück im Mutterleib. In den Momenten tiefer Intimität in einer Liebesbeziehung werden diese Bilder aktiviert. Je nachdem, welche Erfahrungen der Einzelne im Mutterleib oder bei der Geburt gemacht hat, können sie einen starken Einfluss auf seine innere Liebeserfahrung haben. Natürlich kann die Beziehung die Sehnsucht nach Einheit nicht erfüllen, denn hier treffen sich ja, anders als bei der vorgeburtlichen Symbiose mit der Mutter, zwei eigenständige Menschen mit ganz eigenen und auch recht verschiedenen Bedürfnissen, auch wenn diese Bedürfnisse sich in mancherlei Hinsicht decken (was die Illusion der Einheit erzeugt). Die Ent-täuschung dieser Einheitsillusion, die früher oder später eintritt, ist daher ein wichtiger Reifungsschritt in einer Beziehung.

Alles, was wir dabei verlieren, ist ein Traum. Und das Aufwachen aus diesem Traum ist notwendig, um in der Realität einer zwischenmenschlichen Beziehung anzukommen.

Stufe 2:
Liebe als Loyalität, Sex als eheliche Pflicht, Beziehung als Zugehörigkeit

Mit der Geburt beginnt – meistens – die erste Beziehung in unserem Leben: die Beziehung zur Mutter. Die Art dieser Beziehung prägt alle späteren Liebesbeziehungen. Alle Gefühle, die in intimen Begegnungen auftauchen, alle Hoffnungen, alle Sehnsüchte, alle Ängste und alle unmittelbaren Emotionen sind zunächst Wiederholungen dieser ersten Beziehung. Vor dieser Beziehung steht – die Trennung. Das scheint paradox, aber so ist das Leben: ohne Ende kein Anfang, ohne Zerstörung keine Schöpfung, ohne Tod keine Geburt und kein Leben, ohne Trennung keine Beziehung und keine Bindung. Aus der Einheit von Mutter und Kind muss eine Zweiheit werden, damit sich beide aufeinander beziehen können. Diese Tatsache gibt uns einen wichtigen Hinweis für unsere Beziehungen: Um eine wirkliche Beziehung mit einem anderen Menschen führen zu können, muss man die Idee der Einheit, der dauernden Vereinigung, des „Du bist mein Ein-und-Alles", aufgeben. Oder, besser: Man muss diese Idee durchschauen als Erinnerung an etwas, das vorbei ist. Erst mit der Trennung entsteht nämlich die Mutter als eigenständige Person, auf die ich mich beziehen und die ich lieben kann, wie auch ich selbst erst als eigenständiges Wesen (von Person kann man hier noch nicht sprechen) entstehe.

Mit dem ersten Schrei wird ein wichtiges Element dieser neuen Lebensphase sinnfällig, das vorher nicht existierte: die Notwendigkeit, seine Bedürfnisse zu äußern. Hier bin ich!, schreit das Kind, und: Ich brauche und ich will etwas. Das war vorher nicht notwendig, der Mutterleib ist quasi ein Schlaraffenland: Was der Fötus braucht, ist immer schon da. Und sollte es nicht da sein, stirbt er, ohne sich wehren oder artikulieren zu können. Der Säugling hat also eine Möglichkeit, die der Fötus nicht hatte: Er kann ohne die Mutter weiterleben. Die unmittelbare und ausschließliche Abhängigkeit von der Mutter ist abgelöst durch eine allgemeinere Abhängigkeit.

Dieser Gewinn an Unabhängigkeit und Freiheit hat einen Preis: Jetzt muss er sich artikulieren, er muss quasi beginnen, für sich selbst zu sorgen, auch wenn diese Selbstsorge anfangs nur darin besteht, zu schreien, wenn er etwas braucht. Weder die Nähe der Mutter noch die Versorgung mit Nahrung ist von selbst gegeben. Er spürt vielmehr erstmals Hunger und Durst und auch das Bedürfnis nach Nähe und Zuwendung. Zugleich erfährt er, dass die Befriedigung dieser Bedürfnisse nicht automatisch und nicht sofort kommt und vielleicht auf andere Weise, als er dies möchte.

Und wenn er sich schon ganz am Anfang die Lunge aus dem Leib schreit und es kommt niemand, bildet sich vielleicht sein erster Glaubenssatz heraus, den er sein ganzes Leben mit sich herumtragen kann: Mich hört ja eh niemand.

Das ist natürlich nur eine von vielen Möglichkeiten, wie die ersten Erfahrungen mit der Äußerung und Befriedigung unserer Bedürfnisse uns prägen, es gibt tausend andere. Wenn Sie einen solchen Glaubenssatz in sich entdecken, ist es gut, sich zu vergegenwärtigen, dass er nicht stimmt. Er stimmte zwar für den Säugling, der so lange geschrien hat, bis er nicht mehr konnte, und dann nicht mehr mitbekommen hat, dass es doch etwas zu trinken gab, oder der, unabhängig von seinen Bedürfnisäußerungen, nur nach Plan versorgt wurde, aber er stimmt deshalb nicht auch für den Erwachsenen. Dennoch bewahrheitet er sich scheinbar immer wieder, aber nur deshalb, weil der Erwachsene schon mit dieser Haltung in Beziehungen geht und nie gelernt hat, seine Bedürfnisse auf eine adäquate Weise auszudrücken – aus Angst, ja doch wieder enttäuscht zu werden.

Was kann man tun, wenn man diesen (oder einen ähnlichen) Satz in sich spürt? Es reicht nicht, zu sagen, dass er nicht stimmt, denn damit wird die Erfahrung des Säuglings entwertet. Man muss vielmehr mit dem Baby, das man einst war, innerlich Kontakt aufnehmen, seine Gefühle noch einmal empfinden (was meist nur mit therapeutischer Unterstützung gelingt) und ihm sagen, dass man seine Enttäuschung, seine Gefühle und seine Reaktion sieht und versteht; dass sie damals vollkommen angemessen und richtig waren, dass man aber jetzt bereit ist, sie hinter sich zu lassen, noch einmal ganz offen in die Welt und in nahe Beziehungen zu gehen und neue, andere Erfahrungen zu machen.

Es gibt natürlich nicht nur negative, sondern auch positive Erfahrungen: liebevolle Zuwendung, prompte Reaktion auf jede Bedürfnisäußerung des Kindes usw. Auch das prägt, es gibt Vertrauen und Sicherheit. Ich will hier aber nicht alle möglichen Prägungen aufzählen, die aus unseren ersten Erfahrungen beim Betreten dieser Welt stammen, sondern nur deutlich machen, wie wichtig sie sind. Diese Wichtigkeit beruht auch darauf, dass sie alle ganz unbewusst sind. Wir erinnern uns ja nicht an diese Erfahrungen, sondern haben sie längst vergessen. Genau deshalb sind sie so mächtig, weil sie unerkannt in uns wirken können. Und deshalb ist es auch hilfreich, wenn sie, wie es in therapeutischen Kontexten geschieht, ins Bewusstsein gehoben und angeschaut werden können. Wenn ich sehe, dass meine Tendenz zur Resignation daher kommt, dass meine Mutter nicht (sofort) reagiert hat, wenn ich Hunger hatte, bekommt diese Resignation einen konkreten Hintergrund, und damit hat sie sich bereits verändert. Wenn ich dann noch sehe, dass meine Frau nicht meine Mutter ist, wenn ich die beiden auch emotional auseinander halten kann, dann bin ich wahrscheinlich in der Lage, ihr gegenüber das eine oder andere Bedürfnis zu äußern, ohne gleich zu denken (und damit auch auszustrahlen), dass es sowieso nichts nützt.

Was braucht ein Mensch, nachdem er von der automatischen Rundumversorgung im Mutterleib in die Welt geworfen wurde? Er braucht Sicherheit. Er braucht das Gefühl, dass da immer noch jemand ist, der ihn versorgt, ihn nährt und wärmt und hält, denn er kann sich nicht selbst nähren, wärmen und halten. Dann, und nur dann, kann er sich entspannen und vertrauen. Und diese Sicherheit kann ihm nur eine Person geben: die Mutter.

Warum nur sie? Weil er sie kennt. Er kommt ja aus ihr, war ein Teil von ihr. Er kennt sie zwar nur von innen, er kennt sie nicht als von ihm getrennte Person, aber er kennt sie als das, wozu er gehört und was zu ihm gehört. Er kennt ihren Geruch, ihre Stimme, auch ihre Stimmungen, sie war und ist immer noch seine ganze Welt. Wenn es im Schlager heißt „Du bist die Welt für mich, ich lebe nur für dich" oder, in einem anspruchsvolleren Lied von Klaus Hoffmann, „Eine Insel im Meer, so stark in meinen Träumen,/ Wie sehn ich mich nach ihr, nach einem festen Ort/Mein Eiland, mein Schutz, meine Liebe zu dir/Bleibt ungenannt und tiefer als das Meer", dann geht es tatsächlich immer um die Mutter, auch wenn es sich vordergründig um eine Geliebte handelt. Die Mutter ist zwar physisch ersetzbar, aber nicht seelisch-emotional.

Denn der Säugling weiß noch nicht, dass er ohne Mutter überleben kann, seine Erfahrung ist noch ganz durch die Symbiose mit der Mutter geprägt. Deshalb ist es für ihn eine Katastrophe, wenn die Mutter nicht da ist oder er nur das Gefühl hat, sie sei nicht da. Für ihn bedeutet dies, dass er sterben muss. Deshalb ist die Mutter, und zwar die leibliche Mutter, so wichtig für uns. Wenn eine andere Person dem Kind alle mütterliche Liebe und Zuwendung gibt, ist es für das Kind nicht dasselbe. Denn für das Kind ist diese Ersatzmutter fremd, sie gehört der unbekannten, fremden Welt an, und es gibt keine Verbindung zu der Welt und der Erfahrung vor der Geburt. Sie riecht und schmeckt und klingt und schwingt anders, sie hat ein völlig anderes Energiefeld als die Mutter und auch ein völlig anderes als das Kind. Allenfalls beim Vater könnte es eine vage Verbindung geben. Das Kind hat ihn zwar nicht, wie die Mutter, körperlich erlebt, aber es ist ganz zu Anfang doch auch aus ihm entstanden und hat damit eine ähnliche energetische Schwingung und natürlich auch seine komplette genetische Ausstattung mit allen in seinen Genen gespeicherten Erfahrungen. Das ersetzt zwar nicht die Erfahrung im Mutterleib, ist aber nicht vollkommen fremd.

Das Kind erlebt die Abwesenheit der Mutter als totalen Bruch mit dem Vorangegangenen und als kompletten Verlust. Nur ihre Anwesenheit, und zwar nicht nur ihre körperliche, sondern auch ihre emotionale und geistige Anwesenheit, gibt dem Säugling die Sicherheit, dass er geborgen ist, am richtigen Platz ist, dass er nicht in einer völlig fremden, unbekannten Welt verloren ist. Je mehr er diese Sicherheit, die aus der Anwesenheit der Mutter resultiert, hat, umso tiefer kann er entspannen, je weniger er sie hat, umso größer wird seine Tendenz sein (auch in seinem späteren Leben), sich in sich selbst zurückzuziehen, einzukapseln, ängstlich und vorsichtig zu sein oder zu misstrauen.

Hier werden auch die Grundlagen für unsere Liebesfähigkeit gelegt, hier entstehen unsere Urbilder für Nähe, Intimität, Beziehung. Diese Grundlagen sind nicht unverrückbar, sie werden durch spätere Erfahrungen in die eine oder die andere Richtung modifiziert, aber sie stecken den ersten großen Rahmen ab, in dem wir die nachfolgenden Erfahrungen unbewusst einordnen. Das Grundthema der kindlichen Liebe ist Sicherheit und Geborgenheit, und zwar materiell wie emotional. Das ist es, was ein Kind braucht: materielle Versorgung und das Gefühl, behütet und beschützt zu sein in einer Welt, in der es sich allein noch nicht zurechtfinden und allein nicht überleben kann. Um das nicht zu gefährden, sind Kinder bedingungslos loyal zu ihren Eltern. Sie tun alles, um ihre Zugehörigkeit – und damit, ähnlich wie der Fötus – ihren Lebens- und

Überlebensraum nicht zu gefährden. Sie lassen sich schlagen, misshandeln und sexuell missbrauchen, ohne ihre Loyalität aufzugeben. Je gefährdeter die Zugehörigkeit ist, je unsicherer eine Familie für ihr Kind ist, umso loyaler ist es. Liebe – kindliche Liebe – ist in erster Linie Loyalität. Und das gilt nicht nur für die Liebe des Kindes zu seinen Eltern, sondern es gilt auch für die Liebe zwischen Erwachsenen, die dem kindlichen Bewusstsein entspricht. Wenn hier von Liebe gesprochen wird, ist in erster Linie Loyalität gemeint.

Was dem Kind wirkliche innere Sicherheit und Stabilität gibt, ist die gelungene Bindung an die Mutter (und später auch an den Vater und die übrige Familie). Und zwar die emotionale Bindung. Die körperliche Bindung, die zugleich auch eine sexuelle ist, besteht sowieso. Sie ist das, was wir alle sind: die fleischgewordene Verbindung von Vater und Mutter. Diese körperliche Bindung (man nennt sie auch Blutsbande) ist freilich nicht nur in unserem Körper, sondern auch in unserem Unterbewusstsein, in unserer Seele, fest verankert. Wer zum Beispiel seinen Vater nicht kennt, sucht ihn ein Leben lang – mal bewusst, sonst eben unbewusst. Da er ihn nicht kennt, fehlt ihm die emotionale Bindung. Noch wichtiger ist die gelungene emotionale Bindung an die Mutter. Die körperliche Bindung entsteht mit der Zeugung und verstärkt sich im Mutterleib. Die emotionale Bindung erfolgt idealerweise sofort nach der Geburt, je früher, desto besser.

Wir haben ja gesehen, dass vor dem Eintritt in diese Welt die Trennung von der Mutter steht. Die Bindung macht diese Trennung erträglich, ja, sie transformiert den Schmerz in die Freude und das tiefe Glück der Begegnung mit der Mutter als Gegenüber. Zum ersten Mal sieht man sie, aus der man entstanden ist, und wenn man sich dabei sicher, angenommen und geborgen fühlt, ist das das tiefste Glück. Ich muss dabei an Martin denken, der in einer Geburtsaufstellung als Stellvertreter eine Geburt durchlebte. Martin ist ein sehr großer, kräftiger junger Mann mit ebenso großen Händen. Als er in der Aufstellung durch die Geburt durch war, lag er mit dem Kopf auf dem Schoß „seiner Mutter" und strahlte sie mit weit aufgerissenen Babyaugen an. Sein Gesicht sah völlig verzückt aus, und seine großen Hände patschten durch das recht zarte Gesicht seiner Aufstellungsmutter, um jeden Zentimeter davon zu ertasten und völlig selbstverständlich für sich in Besitz zu nehmen.

In dieser Begegnung entsteht die emotionale Bindung. Sie erweitert und ersetzt die körperliche Bindung, die mit der Geburt (der körperlichen Trennung von der Mutter) vorbei ist. Emotionale Bindung heißt: Ich weiß, dass ich angenommen bin, geliebt und in Sicherheit. Ich bin nicht allein, da ist jemand, auf den ich mich verlassen kann. Meine alte Welt (die Mutter) ist immer noch da, wenn auch anders als zuvor. Sie wird mich weiter nähren und versorgen. Mit dieser Grundlage kann ich in die Welt gehen, mit dieser Grundlage kann ich mich auch von der Mutter entfernen, denn die Sicherheit dieser primären Bindung wird mich immer begleiten.

Dies ist es auch, was wir auf der zweiten Reifestufe der Liebe von einer Beziehung erwarten und was wir als Liebe empfinden: Sicherheit, Geborgenheit und Zugehörigkeit. Dieses kindliche Urbedürfnis bestimmt auch heute noch weitgehend unsere Vorstellungen von Liebe und Beziehung und unsere Erwartungen an eine Paarbeziehung. Wie das Kind von seiner Mutter wünschen wir uns von unserem Partner, dass er uns Sicherheit und Geborgenheit vermittelt. Er oder sie soll da sein, wenn wir ihn brauchen. Der Traumpartner ist immer für uns da und erfüllt all unsere Bedürfnisse. Das ist die Liebe, die wir als Kind erfahren oder vermisst haben. Liebe heißt, ich werde gehört und gesehen, ich werde gehalten, ich kann mich fallen lassen und vertrauen, dass jemand da ist, wenn ich ihn brauche, und dass ich nicht verlassen werde. Und ich werde alles dafür tun, dass dies so bleibt, und wenn ich alles dafür tue, dann wird es auch so bleiben.

Habe ich diese Liebe als Kind vermisst, werde ich mich nicht wirklich auf einen Liebespartner einlassen, ich werde Angst haben, dass ich (noch einmal) enttäuscht werde, noch einmal fallen gelassen, verlassen, verraten. Selbst wenn ich die Liebe gerne möchte, wird mein Unterbewusstsein mich zurückhalten, weil das Kind in mir diesen Schmerz, der ihm damals tödlich erschien, nicht noch einmal erleben will. Habe ich als Kind viel Geborgenheit erfahren, wird mir die Liebe nicht so gefährlich erscheinen.

Das ist natürlich alles graduell. Die meisten Menschen haben wenigstens ein bisschen Geborgenheit und Liebe bekommen, zumeist auch von ihrer Mutter oder ihrem Vater, auch wenn sie sich oft nicht mehr daran erinnern. Ich höre oft die Klage: In meiner Familie gab es überhaupt keine Zärtlichkeit, und meine Eltern haben mich nie in den Arm genommen. Ich frage dann: Wie war das denn, als du ein, zwei Monate oder Jahre alt warst? Hat deine Mutter dich nie getragen, hat dein Vater dich nie auf den Arm genommen? Auch wenn wir uns nicht erinnern: So ganz ohne körperliche und auch emotionale Zuwendung ist kaum jemand aufgewachsen. Auf der anderen Seite haben auch die, die von ihren Eltern bestens bemuttert und bevatert wurden, hier und da Erfahrungen gemacht, die sie haben zweifeln lassen, ob die Eltern wirklich immer da und verlässlich sind oder sie wirklich verstehen und auf ihre Bedürfnisse eingehen. Zum Beispiel erinnere ich mich, dass mein Sohn mit ungefähr einem Jahr eine Zigarette zu fassen bekam und heruntergeschluckt hatte, ehe meine Frau ihn davon abhalten konnte. Wir mussten ins Krankenhaus, wo der Tabak mit einer Magensonde entfernt wurde – eine Tortur für den Kleinen, und seine Eltern schauen zu, wie der Arzt ihn quält. Was hat sein (Unter-)Bewusstsein in diesem Moment gespeichert über den Schutz, den seine Eltern ihm geben?

Wir haben alle Sicherheit, Zuwendung, Zärtlichkeit, Verständnis erfahren, und auch das Gegenteil – wenn auch sicher die einen mehr von diesem, die anderen mehr von jenem. Also lassen wir uns, von wenigen Menschen abgesehen, mehr oder weniger tief auf die Liebe ein. Aber wenn wir dies tun, sind immer diese kindlichen Erwartungen und Gefühle mit dabei: dass wir gehört, bemerkt, verstanden und gesehen werden, dass die geliebte Person da ist und auch bleibt, dass sie uns nicht fallen und nicht im Stich lässt. Und wir erwarten, dass diese Liebe wie die der Mutter ewig hält. Sobald wir auch nur einen kleinen Anlass zu dem Verdacht haben, dass dies anders sein könnte, ziehen wir uns ins Schneckenhaus zurück und sind geneigt, unsere Liebe verkümmern zu lassen.

Ein wesentlicher – und gegenüber dem Mitschwingen auf der ersten Stufe ganz neuer – Aspekt dieser Liebe ist es, dass sie persönlich ist. Ähnlich wie in der kindlichen Biografie mit der Geburt die Mutter erstmals als Person und damit als Gegenüber auftritt, wird die Liebe auf der zweiten Reifestufe persönlich. Das Gleiche gilt für die Sexualität, die nicht mehr einfach nur Reproduktionstrieb ist, der sich einen mehr oder weniger beliebigen Paarungs-partner sucht, sondern sich auf eine bestimmte Person rich-tet: die oder den Geliebte(n). Das Ziehen oder Kribbeln im Bauch, das wir übrigens nicht von ungefähr genau im zweiten Chakra (dem Energiezentrum kurz unterhalb des Nabels) fühlen, taucht auf, wenn eine bestimmte Person den ansonsten diffusen Sexualtrieb auf sich zieht. Das ist etwas ganz anderes, als wenn es einen in den Geschlechts-teilen juckt oder drückt oder man sexuellen Phantasien nachhängt. Der Trieb oder die primitive Geilheit sind ziemlich unpersönlich, was der ersten Stufe entspricht. Wenn wir jedoch merken, wie sich das sexuelle Begehren ganz auf eine bestimmte Person richtet, fühlt sich das viel tiefer an, und die Sexualität wird wesentlich erfüllender. Für eine wirklich tiefe Liebesbeziehung braucht es zwar noch mehr, aber dies ist oft der Anfang davon. Wenn die Sexuali-tät persönlich wird, sind wir bereits in dem, was man heute „Beziehung" nennt.

Das Persönliche ist es auch, was uns die Beziehung so einzigartig erscheinen lässt und zunächst den Wunsch und später den Anspruch erweckt, dass der Partner diese Gefüh-le nur für mich empfindet und den Liebesakt nur für mich reserviert. Weil wir das Höhere und Tiefere dieser persön-lichen Begegnung klar empfinden, neigen wir dann auch dazu, das allgemeine sexuelle Begehren, den Trieb, als primitiv abzuwerten. Dabei vergessen wir jedoch, dass es derselbe Trieb ist, der auch in der persönlichen Sexualität wirkt, und dass uns nur seine Bejahung auch die persön-liche Sexualität voll erleben lässt. Dass wir sie nur mit einer Person teilen wollen, ist zunächst ein gewaltiger Fortschritt. Hier entsteht erstmals wirklich Beziehung und damit auch die Möglichkeit einer tiefen Liebe, eines Gebens und

Nehmens, das den anderen ganz wahrnimmt. Im Festhalten an dieser Person und den Ansprüchen, die damit einhergehen, kann daraus allerdings schnell eine Überforderung werden, die die Liebe erstarren lässt. Dieses Festhalten-Wollen entspricht zwar einerseits dem natürlichen Wunsch, etwas, was mir Freude macht, möglichst lange zu behalten und zu genießen, vermischt sich andererseits jedoch mit der kindlichen Angst, die Mutter zu verlieren und generell mit dem kindlichen Bild von Liebe und Beziehung, in dem Sicherheit, Verlässlichkeit und Geborgenheit eine so überragende Rolle spielen.

Wir übertragen diese Vorstellung nicht nur jeweils individuell aufgrund unserer eigenen Kindheitserfahrungen auf unsere Liebesbeziehungen, sondern sie sind auch die mächtige Botschaft aller kollektiv – in Erzählungen, Märchen, Gedichten, Liedern, Romanen, Filmen – erzeugten Liebesbilder. So sehr sich ein Roman aus dem 19. Jahrhundert oder ein Film von 1950 in der Form und in der Geschichte von einem heutigen unterscheiden – in der Botschaft, was „wahre Liebe" ist, gibt es kaum Unterschiede. Die gesellschaftliche wie unsere persönliche Moral, unser Gewissen, entsprechen diesem Liebesideal, die meisten Religionen fordern sie und brandmarken Abweichungen davon als Sünde, und alle Gesellschaften haben sie in Gesetze gegossen, die sich zwar im Detail unterscheiden, im Prinzip aber alle darin übereinstimmen, dass Paarbeziehungen auf eine sichere und verlässliche Grundlage gestellt werden müssen. Und da die Sexualität ein unsicherer, anarchistischer Trieb ist, wird sie zum Feind erklärt oder bestenfalls in eng definierten Grenzen (Ehe) als legitim angesehen.

Diese Ordnungen sind aber beileibe nicht nur äußerlich und aufgezwungen. Sie sind vor allem das Ergebnis evolutionärer Prozesse, bei denen es um die besten Bedingungen und Verhaltensweisen für das Überleben der menschlichen Spezies und ihrer einzelnen Gruppen ging. Wie das Kind die Familie braucht, so brauchte der Mensch über die längste Zeit seiner Existenz die Gruppe, zu der er gehörte. Deshalb sind unsere inneren Bilder von richtig und falsch, gut und böse, moralisch und unmoralisch alle davon bestimmt, was – über hunderte und tausende Jahre – dem Überleben der Gruppe diente.

Denn nur wenn es der Gruppe gut ging, ging es auch dem Einzelnen gut. Auch wenn wir heute sehen können, dass die Moral und ihre Gesetze weniger auf die Liebe ausgerichtet und für die Liebe und die Liebenden da sind als für die Stabilität und den Fortbestand der Gemeinschaft, so können wir uns dem dennoch nicht so einfach entziehen, denn wir haben sie als unser persönliches Gewissen verinnerlicht. Dabei steht das kindliche Bewusstsein, für das Sicherheit und Geborgenheit an erster Stelle kommen, Pate. Liebe und Sexualität müssen in eine feste Form gepresst werden, damit die Gemeinschaft relativ stabil bleibt. Im Zweifelsfall werden beide, wird aber vor allem die Liebe, der Sicherheit geopfert.

Dem entspricht es, dass Ehen über viele Jahrhunderte hinweg arrangiert wurden. Sie waren nicht nur, wie Immanuel Kant es spitz formulierte, ein Vertrag zur gegenseitigen Benutzung der Geschlechtsorgane, sondern auch zur gegenseitigen Versorgung oder Bereicherung der jeweiligen Familien. Deshalb waren sie auch stabil, denn sie beruhten bis vor weniger als hundert Jahren nicht auf so etwas Flüchtigem wie Liebe, sondern auf einem stabilen materiellen Fundament. Wenn es gut ging, entstand dabei eine gewisse Sympathie, wenn es sehr gut ging, vielleicht sogar mehr. Dieses stabile Arrangement beruhte aber auf einer fundamentalen Ungleichheit: der Rechtlosigkeit der Frau. Sie hatte keine Wahl als die, sich einem Mann anzuvertrauen, um nicht zu sagen: zu unterwerfen. Frauen hatten, von einigen Damen der Oberklasse abgesehen, auch keine eigene Sexualität, genauer gesagt: Sie durften keine haben und hatten daher oft auch keine, oder sie waren „liederliche Weiber". Die musste es allerdings auch geben, damit die Männer ihren Trieb außerhalb der Ehe ausleben konnten. Dort, wo das Liebesleben heute noch, wie in islamischen Ländern, aber auch in streng christlichen Gebieten wie im amerikanischen „Bible Belt", durch die Religion oder eine entsprechende Tradition fest reglementiert ist, ist es immer noch so, dass die Männer ein sexuelles Parallelleben haben – sei es, dass sie offiziell mehrere Frauen haben dürfen, sei es, dass sie, wie in den meisten asiatischen Ländern, mehr oder weniger offen zu Prostituierten gehen, sei es, dass dies – wie in Amerika – ganz heimlich geschieht und dann zerknirscht und tränenreich im Fernsehen bereut werden muss, wenn es an die Öffentlichkeit kommt.

Im Europa der vergangenen Jahrhunderte war und blieb Liebe für die meisten ein romantisches Ideal, eine Schwärmerei vor oder neben der Ehe. Erst in den letzten hundert Jahren begann sie, sich mehr und mehr als die Basis für die Ehe durchzusetzen, ohne dass dabei die Erwartungen an die Verlässlichkeit dieser neuen Art von fester Beziehung sich wesentlich verändert hätten. Nach wie vor ging man davon aus, das sich die Partner einer Paarbeziehung gegenseitige materielle und emotionale Sicherheit zu gewähren hätten, ja, dass sich genau darin ihre Liebe zeige und erfülle. Die Frage ist aber, ob dies – vor allem, wenn die Ungleichheit von Mann und Frau aufgehoben ist – noch möglich ist, ob es der Natur der Liebe und, weil sie nicht davon zu trennen ist, auch der Natur der Sexualität entspricht?

Die Tatsache, dass es für sexuelle und Liebesbeziehungen eine explizite Moral, religiöse und staatliche Gesetze und Strafen gibt, zeigt schon an, dass wir es hier nicht mit einer natürlichen Ordnung zu tun haben. Eine natürliche Ordnung braucht kein Gesetz. Für die Liebe einer Mutter zu ihrem Kind braucht es zum Beispiel keine Moral und keine religiöse oder weltliche Vorschrift, was sie tun darf und was sie nicht tun darf. Es braucht noch nicht einmal ein Gewissen. Jede Mutter, sofern sie nicht massiv psychisch gestört ist, weiß, was sie zu tun hat und tut dies ganz natürlich. Zwar mischt sich der moderne Staat inzwischen auch in die familiären Beziehungen ein, aber diese Einmischung hat eine andere Qualität: Der Staat formuliert und überwacht Schutzrechte für Kinder, aber er formuliert kein positives Recht, in dem geregelt wird, wie die Beziehung zwischen Eltern und Kindern sein soll. Der Hintergrund dafür ist, dass die natürliche Ordnung der Liebe zwischen Eltern und Kindern heute in manchen Fällen gestört ist und nicht mehr von allein funktioniert.

Die Frage ist jedoch, ob es auch für die Liebe zwischen Erwachsenen eine solche natürliche Ordnung gibt? Die Antwort ist: nein. Es gibt nur eine herrschende, meist religiös fundierte, Moral, die eine solche Ordnung setzt und verlangt, und diese Ordnung ist eine Übertragung der kindlichen Elternliebe. Da sie sich zugleich aus unserer kollektiven wie unserer individuellen Lebensgeschichte mit ihren persönlichen Erfahrungen speist, empfinden wir sie nicht nur als von außen gesetzt, sondern auch als innere Richtschnur. Gleichwohl ist diese Richtschnur der Wirklichkeit von Liebesbeziehungen unter Erwachsenen nicht gemäß.

Die Schwierigkeiten und Leiden in modernen Paarbeziehungen machen dies mehr als deutlich. Was ist ihnen dann gemäß?

Um einer Antwort auf diese Fragen näher zu kommen, möchte ich zunächst weiter unserer Lebensgeschichte folgen. Dabei führt uns die nächste Stufe, die Jugend, noch nicht zu einer Antwort, sondern sie wirft noch mehr Fragen auf, zum Beispiel die Frage, ob Liebe nicht nur eine (kindliche) Illusion ist. Um wirklich zu einer erwachsenen Liebe zu kommen, müssen wir jedoch auch durch diese Stufe hindurchgehen, das heißt, wir müssen diese und andere Fragen ernst nehmen und sie durchleben.

Stufe 3:
Liebe als Gefühl, Sex als Selbsterfahrung, Beziehung als Selbstverwirklichung

Wenn wir uns das jugendliche Lebensprogramm und die Erfordernisse dieser Phase in unserer Biografie anschauen, werden wir sehen, dass dies ziemlich genau die derzeitigen Verwirrungen und Konflikte in Liebes- und Beziehungsfragen widerspiegelt. Tatsächlich befinden sich die meisten modernen Zeitgenossen in einem inneren Zwiespalt zwischen den nach wie vor emotional dominanten inneren Bildern der kindlichen Stufe und den eher rationalen, aber in gewisser Weise auch wirklichkeitsnäheren Ideen und Erfahrungen einer dem Kindlichen entwachsenden, gleichwohl noch nicht erwachsenen Sicht. Dabei erscheint nicht selten die jugendliche Stufe als die eher nüchterne, desillusionierende Realität unseres Liebes- und Sexuallebens und die kindliche als das schöne, aber leider oft verfehlte Ideal.

Deshalb tendieren wir dazu, in Bezug auf die Liebe zynisch zu werden, sie als kindlichen, wenn nicht sogar kindischen, Traum anzusehen. Je deutlicher wir sehen, dass sich das traditionelle Liebesideal nicht mit der Selbstverwirklichung von Mann und Frau verträgt, umso größer ist die Versuchung, sich ganz von der Liebe zu verabschieden. Doch der Reihe nach.

Mit der Pubertät beginnt die Ablösung von den Eltern. Es ist fast eine zweite Geburt. Der Unterschied ist, dass diese zweite Geburt weniger körperlich und mehr seelisch-emotional ist und sich viel länger hinzieht. Der Übergang vom Kind zum Jugendlichen beginnt aber im Körper, mit der Geschlechtsreife. Um es kurz zu machen: Ähnlich, wie mit der Geburt das Leben des Fötus endet und das des Kindes beginnt, endet mit der Pubertät das Leben des Kindes und es beginnt das eines jungen Mannes oder einer jungen Frau. Zwar ist der Übergang fließender und länger, zwar ist die neue Welt nicht ganz so neu, aber es ist doch ein ganz neues und ganz anderes Leben.

Dabei ändert sich auch die Richtung: Das Kind schaute noch zu den Eltern, seine Orientierung war die Familie, der Jugendliche schaut von ihnen weg, in seine eigene Zukunft. Dabei sind die Eltern eher hinderlich, und es ist peinlich, wenn die anderen einen mit ihnen sehen, vor allem mit der Mutter. Wollte das Kind noch gehalten werden, geht es für den Jugendlichen um Lösung. Er muss sich von seiner Familie lösen, um zu sich selbst zu kommen.

Die Geburt ist, wie wir gesehen haben, eine Trennung – die körperliche Trennung von der Mutter. Zugleich ist sie der Beginn der körperlichen Eigenständigkeit. Emotional ist das Kind aber ganz an die Mutter gebunden und in die Familie eingebunden. Diese Bindung ist sogar notwendig für eine gesunde psychische Entwicklung. Kinder leben im Wir, und ihr Ich entwickelt sich allmählich im Schutz dieses Wir. Die zweite Geburt, die mit der Pubertät einsetzt, ist die emotionale Trennung von der Mutter (und der Familie insgesamt). Mit ihr löst sich das Ich aus dem Wir. Wir werden emotional eigenständige Menschen und beginnen, unsere Gefühle mit Menschen außerhalb der eigenen Familie zu teilen.

Die stärkste Kraft, die den Jugendlichen an- und von den Eltern wegzieht, ist die Anziehung des anderen Geschlechts. Um dieser Anziehung zu folgen, muss er von den Eltern weg. Der Raum, in dem sich ein junger Mann und eine junge Frau (und Jugendliche generell) treffen, ist ein Raum jenseits ihrer beider Familien. „Raum" ist hier sowohl faktisch (materiell) wie symbolisch (seelisch) gemeint. Dort, in diesem Frei-Raum, kann, so scheint es jedenfalls, etwas ganz Neues geschehen und entstehen. Das hat zur Voraussetzung, dass wir die alten Räume, also unsere Familien, verlassen. Materiell bedeutet das, dass die jungen Leute sich außerhalb ihrer Elternhäuser treffen, und am besten auch in Räumen, zu denen die Älteren keinen Zutritt haben. Historisch hat die Jugendkultur seit den Sechzigern diese Räume hervorgebracht – Jugendclubs, Diskotheken, etc. Wenn heute in den Diskos auch Dreißig-, Vierzig- und mitunter sogar Fünfzigjährige verkehren, zeigt dies, dass die Jugend inzwischen fast nicht mehr aufhört – sie ist zum allgemeinen Zustand geworden. Die materielle ist aber nur die offensichtlichste Ebene.

Auch seelisch muss der junge Mensch das Elternhaus verlassen und sich in einen eigenen, freien Raum begeben, um in der Begegnung mit einem Partner wirklich etwas Neues erleben und erschaffen zu können. Genau dies, dieser

Frühlingsduft, der etwas Neues ankündigt, macht die tiefe Anziehung der Jugend aus.

In traditionellen Gesellschaften (also solchen, die noch tief in der Bewusstseinsstufe 2 verankert sind), gab es (und gibt es auch heute noch) diesen Raum nicht. Dies gilt sowohl für die materielle Ebene, also Räume als Treffpunkte und reale Begegnungsorte, als auch für die seelische Ebene, also einen inneren Raum, in dem man dem anderen außerhalb der eigenen Tradition begegnet. Hier sollte nämlich nichts Neues geschehen, und die frei vagabundierenden Kräfte der Sexualität und der Liebe sollten im Zaum gehalten werden. Deshalb wurden die Ehen unter den Familien ausgehandelt. Die Jugend als eigene Zeit der Suche existierte so gut wie nicht. Die junge Frau wurde verheiratet oder versprochen, bevor sie sich auf eine eigene Suche begeben konnte, dem jungen Mann gestand man ein bisschen Auslauf mit käuflichen Damen oder Mägden und Dienstmädchen zu. Die vereinzelten Liebesgeschichten, von denen die Literatur und die Poesie erzählen, handeln eher von einer (romantischen) Vorstellung der Liebe als von einer wirklichen Erfahrung, und sie waren üblicherweise tragisch.

In vielen alten Kulturen unterstützten Initiationsrituale die Trennung von der alten Familie und den Übergang zum Erwachsensein. Auch hier gab es keine Jugend. Es brauchte auch keine zu geben, denn was ein Erwachsener war, stand seit jeher fest. Es gab keine Individualität, sondern nur eine kollektive Stammesidentität, eine Standesidentität (im mittelalterlichen Europa) oder eine Kastenidentität (Indien). Daher bedurfte es auch keiner Suche. Wer und was man war, stand fest, man musste nur darein eingeführt oder initiiert werden. In einer offenen Gesellschaft ist dies jedoch anders, hier muss sich jeder seinen Platz selbst suchen, und über die Gesellschaft hinaus auch seine Individualität und Identität. Das gilt auch für Liebe und Beziehung – es steht nicht mehr fest, was das ist und wie es zu sein hat, sondern wir müssen es selbst erschaffen.

Die Jugend ist die Zeit, in der man eine neue Welt erkundet. Hier tut sich, was die Erfahrung der Liebe betrifft, ein großer Widerspruch auf: War Liebe gestern noch quasi identisch mit Wärme, Geborgenheit und Sicherheit, mit der schützenden Hülle des Bekannten, so erscheint sie jetzt plötzlich als der Lockruf des Unbekannten, als Abenteuer, Risiko, Entdeckung. „Schmetterlinge im Bauch" künden sowohl von der Verheißung des Neuen als auch von der Ahnung, dass *„falling in love"* auch heißen könnte, jeden Halt zu verlieren und ins Bodenlose zu fallen. Und dieses Unbekannte ist nicht nur draußen, bei den anderen, sondern auch drinnen, in einem selbst. In der Begegnung mit dem anderen Geschlecht begegnet man auch einem weitgehend unbekannten Wesen in sich selbst.

Liebe als Suche, Entdeckung und Abenteuer ist das genaue Gegenteil der kindlichen Liebesvorstellung und Liebeserfahrung. Denn im Abenteuer und in der Erkundung gibt es keine Sicherheit, kein Gehaltensein. Hier ist man allein mit dem Unbekannten, dem Neuen, und zwar sowohl dem Unbekannten im anderen wie in sich selbst. Auch dem Unbekannten der Liebe. Damit wird die Liebe auf dieser dritten Reifestufe zur Selbsterfahrung. In der Begegnung mit dem anderen Geschlecht entdecke ich mich neu, entdecke ich das durch und durch sexuelle Wesen in mir, entdecke ich, wie es mir geht und wie ich mich verhalte, wenn ich das sichere Terrain der Kindheit und der Familie verlasse.

Das jugendliche Bewusstsein erfährt, dass Liebe nichts Sicheres ist. Es sieht sich der Urgewalt der Sexualität ausgesetzt, die es mit Macht aus der Kindheit wegreißt. Es gibt zwar auch eine kindliche Sexualität, aber die ist Neugierde, Spiel, spielerisches Entdecken und Ausprobieren ohne Folgen. Jetzt ist nichts mehr ohne Folgen. Die Sexualität tritt in das Leben eines Jugendlichen wie eine unabhängige Macht, die zugleich von innen wie von außen kommt und ihn einfach in Besitz nimmt. Sie ist die Urgewalt des Lebens selbst.

Das einzige, das in der Lage zu sein scheint, diese Macht zu kanalisieren, ist die Liebe. In der Liebe kann sie bleiben, was und wie sie ist, und wird zugleich erhoben. Sie wird zur Öffnung, zum tiefsten Austausch, zum gegenseitigen Erkennen, zum Schenken. All dies ist die Sexualität auch von sich aus bereits, aber unerkannt, unerweckt, unbewusst. Erst in der Verbindung mit der Liebe, in der bewussten Verbindung mit einer anderen Person, wird dies lebendige Wirklichkeit. Damit sind wir aber schon bei der nächsten Stufe, der erwachsenen Liebe.

Die jugendliche Liebe sucht wie der Jugendliche zunächst einmal sich selbst. Sie wird zwar durch den anderen entflammt, sieht ihn aber nicht wirklich. Sie sieht im anderen nur das, was sie sehen will. Ansonsten ist der Partner dazu da, sich selbst zu spüren, zu entdecken und zu verwirklichen. Das ist genauso wie in der Jugendphase unseres normalen Lebens: Der Jugendliche versucht, sich seine eigene Welt zu schaffen, sei es durch Flucht oder durch Rebellion. Bei letzterem arbeitet er sich zumindest an der realen Welt ab und findet dabei, wenn er sich der Realität immer wieder konfrontiert, sowohl zu sich selbst als auch zur Welt, wie sie ist. Die Suche nach einer eigenen Identität erstreckt sich auch und gerade auf die Beziehung, und sie überdauert heute die Lebensspanne der Jugend oft um Jahrzehnte. Liebe ist Selbstverwirklichung, die Beziehung (und der Partner) ist dazu da, dass man glücklich ist. Das ist das Gegenteil der alten Ehe, die dazu da war, dass die Frau versorgt war und dem Mann Kinder schenkte und der Mann eine verlässliche emotionale Basis hatte, von der aus er seiner Arbeit und seinen Geschäften nachgehen und wo er sich nach getaner Arbeit ausruhen konnte, ohne lästige Fragen beantworten und sich mit Gefühlsdingen auseinandersetzen zu müssen.

Wenn die Liebe zur Selbsterfahrung wird, muss sie auch ihre eigenen Grenzen suchen, testen und finden. Sie kann sich nicht mehr fraglos an die von außen auferlegten Grenzen halten, sonst wäre sie keine Suche und keine Selbsterfahrung. Wie der Jugendliche nicht mehr fraglos tut, was Vater und Mutter ihm vorschreiben, und auch nicht mehr einfach ihrem Lebensmodell folgt, sondern nach seinem Eigenen sucht und dabei auch nach seinen eigenen Grenzen, so tut dies auch die Liebe, wenn sie aus der kindlichen Bewusstseinshaltung herauswächst. Und wie der Jugendliche sich noch nicht wirklich von den Eltern gelöst hat, so ist auch die jugendliche Form der Liebe in einem ständigen Zwiespalt und inneren Konflikt mit den Anforderungen der vorangegangenen Stufe. Dieser Konflikt drückt sich darin aus, dass man gegen das Alte rebelliert, es pauschal ablehnt und abwertet, dieses sich zugleich aber heimlich durchsetzt. Dann stellt man mit vierzig plötzlich erschrocken fest, dass man sich in der Beziehung und als Mutter oder Vater genauso verhält wie die eigenen Eltern, obwohl man doch meinte, ganz anders zu sein und alles anders machen wollte. Und wenn sich der Partner in jemand anders verliebt oder eine sexuelle Affäre hat – es gibt keine Beziehung der dritten Reifestufe, in der dies nicht passiert! –, steht der alte Drache Eifersucht da und speit Feuer und Gift und Galle, obwohl man doch „eigentlich" weiß, dass man keinen Besitzanspruch auf den anderen und dessen Liebe hat. Und wenn man sich der Eifersucht und dem darin verborgenen Schmerz stellt, ohne sie auszuagieren, fühlt man sich hilflos, allein und ungeschützt wie ein Kind, das seine Mutter verloren hat.

In der jugendlichen Liebe ist das Kindliche immer noch mit dabei, weil wir uns noch nicht wirklich von der Mutter und der übrigen Familie getrennt haben. Wir haben uns auch noch nicht wirklich von den alten Formen, Vorstellungen und inneren Bildern der zweiten Stufe der Liebe getrennt, wir begehren nur dagegen auf und fordern und versuchen etwas Neues. Damit diese Trennung gelingen kann, muss zuerst die ursprüngliche Bindung an die Mutter anerkannt und innerlich vollzogen sein. Ich muss bewusst ja gesagt haben: Ja, Mama, du bist meine Mutter und ich bin dein Kind, ich stimme dir zu, so wie du bist, von dir nehme ich mein Leben gern. Meist haben wir aber nur halb ja gesagt, und deshalb können wir auch nicht richtig nein sagen, uns nicht ebenso liebevoll wie entschieden trennen. Die Trennung geht meist nur gegen die Mutter (oder den Vater), und das heißt, sie ist unvollständig, weil wir im Kampf oder in den Ansprüchen, die wir noch haben, oder in den Verletzungen, die wir nicht loslassen wollen, gebunden bleiben. Die Folge ist, dass die meisten bei dieser zweiten, emotionalen Geburt im Geburtskanal stecken bleiben und daher (emotional) nicht wirklich erwachsen werden.

Auch kollektiv ist die Trennung von der Stufe 2 noch nicht vollzogen, und sie wird es so lange nicht sein, wie sich die moderne Gesellschaft als Gegenentwurf zur traditionellen sieht, anstatt als deren Fortentwicklung. Daher gibt es in modernen Gesellschaften praktisch noch keine Formen, in denen eine neue Art von Beziehung und Familie lebbar wäre. Die Form – Ehe und Kleinfamilie – ist immer noch die alte, sie sieht sich nur mit völlig anderen Erwartungen und Verhaltensweisen konfrontiert. Das einzig Neue, was die moderne Gesellschaft hervorgebracht hat, ist die Lebensform des Single, und dies ist per definitionem keine Beziehungsform. Deshalb steht der Single früher oder später vor der Frage, ob er auf eine verbindliche Beziehung verzichten oder sich auf eine Partnerschaft alter Prägung, eine Ehe oder eheähnliche Lebensgemeinschaft, einlassen soll.

Das Problem ist, dass diese alte Form für Menschen mit anderen Erwartungen und Ansprüchen entstanden ist. Im Unterschied zu unseren Großeltern haben heute die meisten den Anspruch, dass der Partner, die Liebe, die Sexualität und eine Paarbeziehung sie glücklich machen, sie erfüllen, sie sich selbst und ihre Lebendigkeit spüren lassen, ihre Lust befriedigen. Es genügt uns nicht mehr, dass eine Beziehung uns Sicherheit und Geborgenheit gibt, dass man sich aufeinander verlassen kann, aber wir geben das auch nicht auf, wir wollen auch das haben. Der moderne Mensch will alles, und zwar sofort und für immer. Das ist nicht etwa ein Fehler, etwas, das man wieder rückgängig machen könnte, sondern es ist notwendig. Es ist zwar längst nicht der Weisheit letzter Schluss (das ist die Verblendung des modernen Bewusstseins), es ist so unreif wie die Jugend, aber auch so notwendig wie sie. Es ist die Bewegung des Lebens, alles andere wäre Stillstand.

Diese Ansprüche als Illusion zu durchschauen heißt also nicht, dass man wieder in die alte Zweierbeziehung zurückgehen könnte. Es heißt nur, dass wir all dies nicht von unserem Partner erwarten können, sondern es uns selbst geben müssen, die Liebe, die Lust, das Glück in uns selbst finden und bejahen und entsprechend leben müssen. Das schließt eine tiefe Paarbeziehung durchaus ein, muss aber über die ausschließliche Fixierung auf den Partner hinausführen.

Wir vollenden die Jugend und die dritte Stufe der Liebe, wenn wir den Mut haben, uns von der Mutter zu trennen und nein zu sagen. Dazu müssen wir ihr und unserer Bindung an sie zuerst voll zugestimmt haben, das heißt, aus ganzem Herzen „Ja, Mama" gesagt haben. Mit diesem Ja im Herzen können wir dann das Nein wagen: „Nein, Mama, mein Leben gehört dir nicht, meine Sexualität gehört nur mir." Während das Ja im Herzen gefühlt wird, kommt dieses Nein tief unten aus dem Bauch: „Ich bin gerne dein Sohn, aber ich bin auch ein Mann, und meine Männlichkeit gehört nur mir, da lasse ich dich nicht dran." Oder: „Ich bin gerne deine Tochter, und ich bin eine Frau wie du, aber meine Sexualität gehört nur mir, sie ist nicht die deine." Wenn das mit Liebe und Klarheit zugleich ausgesprochen ist und im Innersten gefühlt wird, bleibt man der Mutter zwar verbunden, ist aber zugleich allein – und zum ersten Mal erwachsen.

Stufe 4:
Die Liebe des Herzens: Liebe als Begegnung,
Sex als Austausch, Beziehung als Freundschaft

Die nächste Stufe der Liebe ist die Liebe des Herzens. Das klingt merkwürdig, empfinden wir doch jede Liebe im

Herzen. Also ist doch, so sollte man meinen, Liebe immer eine Herzenssache. Zunächst einmal ist das so, Liebe ist eine Sache des Herzens. Das ist ihr Wesen. Im Herzen ist die Liebe zu Hause, und wenn wir im Herzen zu Hause sind, sind wir auch in der Liebe. Aber wann und wie oft sind wir wirklich im Herzen zu Hause, wie lange halten wir es dort aus? Bleiben wir im Herzen, wenn der Mensch, den wir lieben, sich in jemand anders verliebt? Oder sich nur sehr für eine andere Frau, einen anderen Mann interessiert? Mit ihm oder ihr schläft oder auch nur den Wunsch hat, es zu tun? Bleiben wir in der Liebe, wenn unser Partner in einer Sache, die uns wichtig ist, eine ganz andere Meinung hat oder sich ganz anders verhält, als wir es für richtig halten? Bleibst du in der Liebe, wenn du Lust auf Sex hast und er/sie nicht? Bleibst du in der Liebe und im Herzen, wenn der andere plötzlich einen anderen Lebensweg einschlägt als bisher, wenn ihm etwas anderes wichtig wird? Oder wenn du selbst einen neuen Weg einschlägst und der andere dich nicht versteht und deine neue Begeisterung nicht teilen kann?

Ich fürchte, die Antwort ist oft „nein". Und zwar nicht nur in den Fällen, wo der andere uns „betrügt", sondern auch in allen anderen. Das Wort „Betrügen" macht eindeutig klar, dass die Liebe an Bedingungen geknüpft ist. Wenn einer der Partner gegen diese Bedingungen verstößt, entzieht ihm der andere die Liebe, und das heißt: Er verschließt sein Herz. Liebe, wie wir sie üblicherweise verstehen, ist also nicht nur eine Angelegenheit des Herzens. Genauer: Da Liebe ihrem Wesen nach eine Öffnung des Herzens ist, ist das, was wir meistens darunter verstehen, nur eine reduzierte, limitierte, an Bedingungen geknüpfte Liebe.

Ist also nicht nur die Ehe, wie Kant sagt, sondern auch die Liebe ein „Vertrag zur gegenseitigen Benutzung der Geschlechtsorgane", aus dem man automatisch aussteigt, wenn er gebrochen wird? Nicht ganz. Man kann diese Bedingungen nämlich nicht untereinander aushandeln – man kann es zwar versuchen, aber es funktioniert nicht. Solche Verträge erreichen nämlich nicht die Seele.

Wenn ein Paar zum Beispiel, wie es in den siebziger und achtziger Jahren unter „Progressiven" recht oft geschah, miteinander vereinbart, dass beide „fremdgehen" dürfen, dann mag dies zwar äußerlich funktionieren, seelisch aber in den meisten Fällen nicht. In der Seele setzt dies einen Wachstumsprozess voraus. Dazu müssen wir uns nicht nur mit moralischen Vorstellungen und Empfindungen auseinandersetzen, die sich in Hunderten und Tausenden von Jahren gebildet und in unserem Unterbewusstsein verfestigt haben, sondern vor allem mit unseren inneren Bindungen an unsere Herkunftsfamilie und unseren eigenen kindlichen Gefühlen. Wir können über diese Vorstellungen und auch über die damit verbundenen Gefühle hinauswachsen (oder aus ihnen herauswachsen), aber dies ist ein schmerzhafter Prozess, der nur über die innere Auseinandersetzung damit gelingt. Und zwar dann, wenn wir, egal was geschieht, in der Liebe bleiben; wenn wir, egal was geschieht, unser Herz offen halten, oder wenn wir zumindest immer wieder dorthin zurückkehren, wenn wir uns denn doch einmal abgewandt und verschlossen haben.

Denn das ist unvermeidlich: Niemand bleibt so ohne weiteres in der Liebe, wenn sein Partner sich einem anderen in Liebe zuwendet oder wenn man sich auf andere Weise hintergangen, verletzt, betrogen oder auch nur unverstanden, nicht gesehen, nicht gehört und nicht beachtet fühlt. Es gibt für jeden von uns tausend Gründe, dem Geliebten die Liebe zu entziehen, und unser Herz verschließt sich mitunter schneller, als wir denken können, ganz unabhängig von unserem Wollen und unseren Vorsätzen. Selbst wer jeden Morgen hundert Mal murmelt „Mein Herz ist offen und ich bleibe voller Liebe", wird davon nicht verschont. Im Gegenteil: Die Praktizierung solcher und ähnlicher Formen positiven Denkens zeigt nur an, dass das Herz eben nicht offen ist, sonst brauchte man sich das nicht einzureden. Aber das – ich meine nicht das Affirmieren, sondern das unwillkürliche Öffnen und Schließen unseres Herzens, das nicht steuerbare „In-die-Liebe-Fallen" und wieder „Aus-ihr-Herausfallen" – ist völlig normal. Hauptsache, man findet wieder zum Herzen zurück. Wieder und wieder und wieder. Das ist es, was eine Liebesbeziehung mit uns macht und uns abverlangt: Sie lässt uns aus der Liebe herausfallen und ruft uns wieder und wieder und wieder zurück. Genau dadurch reift und wächst die Liebe – und sie verändert sich. Genau dadurch, dass die Liebe zu einem bestimmten Menschen mich immer und immer wieder ins Herz ruft, wird sie allmählich zur Liebe des Herzens – und damit löst sich zugleich die Bindung an diesen geliebten Menschen. Vielleicht bleibt die Bindung auch, aber auch sie verändert sich – die Liebe ist nicht mehr von diesem Menschen abhängig. Und damit wird auch die Beziehung frei, aber ganz anders, als es die „freie Liebe" der siebziger Jahre meinte.

Auf der vierten Reifestufe kommt die Liebe sozusagen in ihr Haus, kommt sie nach Hause. Alles, was dem vorausgeht, ist Vorbereitung, ist Annäherung an die Liebe. Das Herz ist ihre wirkliche Heimat. Liebe ist nichts anderes als ein offenes Herz, und zwar eines ohne jede Bedingung.

Damit geschieht jedoch etwas Merkwürdiges und Überraschendes: Die Liebe wird (wieder) entpersonalisiert, der Prozess der zunehmenden Personalisierung der Liebe von Stufe 1 zu Stufe 3 kehrt sich um. Die Liebe des Herzens dreht sich nicht mehr um eine bestimmte Person, eine Geliebte oder einen Geliebten. Wie das? Kann das denn noch Liebe sein? Kann man das überhaupt wollen? Nun, wer diese beiden Fragen für sich mit „nein" beantwortet, urteilt von der Stufe 3 (oder 2) aus. Von dort aus gesehen sieht eine Liebe, die nicht ganz an eine bestimmte Person gebunden ist, nicht nach Liebe aus.

Die Liebe des Herzens ist keine Beziehung, sie ist ein Zustand – und zugleich ist sie die Basis für eine wirklich gleichwertige, erwachsene und reife Form von Beziehung. Auf den Stufen 2 und 3 verstehen (und fühlen) wir Liebe als Beziehung – Beziehung zu den Eltern, den Kindern, den Geschwistern und zu geschlechtlichen Liebespartnern. All diese Liebesobjekte lösen in uns etwas aus, nämlich eine Öffnung des Herzens. Diese Öffnung ist aber immer mit der Beziehung verbunden, immer an den anderen gebunden. Und sie verlangt vom anderen immer etwas. Wenn die Liebe aber nach Hause kommt, dann begegnet sie ihrer eigentlichen Quelle. Dann ist die Quelle nicht mehr außerhalb von mir, beim anderen oder bei der Beziehung, sondern sie ist in mir, in meinem Herzen. Wenn die Liebe in meinem Herzen ist und sich dort richtig niedergelassen hat, dann braucht sie den anderen nicht mehr so sehr, dann ist er nicht mehr die Voraussetzung dafür, dass ich lieben kann. Sie braucht ihn, um sich zu erfüllen, aber sie braucht ihn nicht, um überhaupt erst da zu sein. Hier beginnt die Liebe, sich von bestimmten Personen, die man liebt, zu lösen und in einen Seinszustand überzugehen. Nicht so, dass man sich zu bestimmten Menschen nicht mehr mehr oder auf andere Weise (zum Beispiel sexuell) hingezogen fühlt und sich ihnen nicht mehr mehr oder anders verbunden fühlt als anderen, aber so, dass die Liebe nicht davon abhängt, dass und wie diese Verbindungen funktionieren. Das In-der-Liebe-Sein beinhaltet natürlich auch, dass man sich selbst annimmt und liebt, wie man ist, ebenso wie es beinhaltet, dass man die anderen liebt, wie sie sind. Dies ist die natürliche Folge davon, dass man in seinem Herzen einkehrt.

Sich selbst lieben erstreckt sich auch auf die Sexualität. Wir sind Sex, wir sind fleischgewordene Sexualität, jede Zelle von uns – also auch unsere Gehirnzellen. Die Vorstellung der Beherrschung der Sexualität durch den Geist ist absurd, denn es gibt in uns gar keinen Geist, der nicht schon selbst Sex wäre. „Der Geist ist Fleisch geworden" heißt, dass er sich ins Fleisch begeben hat und mit ihm identisch, mit ihm Eins geworden ist, und wenn wir ihm begegnen wollen, werden wir ihn auch nur dort treffen. Sich lieben heißt also auch, seine Sexualität lieben, seine Männlichkeit oder seine Weiblichkeit lieben. Dann können wir der Sexualität aber nicht mehr befehlen, wie und mit wem sie zu sein hat, wir müssen ihr vielmehr ihre Eigenständigkeit lassen. Aber müssen ist hier nicht mehr das richtige Wort – wir werden es gern tun, auch wenn uns dies Unannehmlichkeiten bescheren mag. Wir werden lernen, ihr zu vertrauen, indem wir uns ihr und der Liebe anvertrauen.

Hier erleben wir unsere dritte Geburt, die spirituelle Geburt. Mit dem Nein, das die dritte Stufe vollendet, sind wir allein in der Welt. Damit haben wir tatsächlich erst den Mutterleib ganz verlassen und sind in der Welt angekommen. Jetzt ist die Welt, das Offene, unser Mutterleib, und wir können anfangen, uns in sie zu erstrecken. Das beginnt in der offenen Begegnung mit dem Du. Martin Buber beschreibt „Ich-Du" als das „Grundwort", das Beziehung stiftet, und Beziehung ist für ihn das wirklich Menschengemäße. Dieses Ich-Du ist aber erst auf der vierten Bewusstseinstufe möglich, denn vorher gibt es noch kein klares Ich und auch kein klares Du. Es gibt viel Egoismus, aber der ist die Folge eines unreifen Ich, das im Kampf mit dem Wir, dem Kollektiv und seinem Herrschaftsanspruch über das Individuum verstrickt ist. Dieses Ich ist ein trotziges oder hochmütiges oder selbstverliebtes, das erwachsen gewordene Ich ist ein demütiges. Es ist ein Ich, das ebenso weiß und würdigt, wo es herkommt, wie es sich der Bewegung des Lebens, die die Trennung von der Mutter und der Herkunft will, fügt und dazu ja sagt. Erst dieses Ich, das seine Herkunft (individuell wie kollektiv) in Liebe angenommen und sich dann gelöst hat, kann das Du als anderes, gleichwertiges Ich wirklich sehen und mit ihm in eine Beziehung treten. Alle vorherigen Beziehungen sind Vermischungen.

Wenn wir aus diesen Vermischungen herausgetreten sind, beginnt das Ich, sich zum Du hin, zur Welt (ins Offene) hin, zu öffnen, und das ist der Beginn der Transzendenz des Ich. Vorher war es Abwehr, Selbstbehauptung gegenüber der Herrschaft des Wir (der Mutter, der Familie, des Kollektivs, der Tradition). Auch die Beziehung leidet auf der Stufe 3 unter diesem von innen her empfundenen Zwang zur Selbstbehauptung, der seine Wurzeln in der nicht gelösten Beziehung zur Mutter hat. Diese Öffnung ist ein Anfang, der Anfang unserer spirituellen Reise und der Anfang unserer Begegnung mit dem Du, mit dem anderen. Zuerst ist es das Du als Person, als Geliebte(r), dann ist es das

Du als Gott, Geist, die Welt oder die Existenz. Diese zweite Begegnung mit dem großen Du, für die wir gemeinhin den Begriff der Spiritualität reserviert haben, beginnt tatsächlich in der Begegnung mit dem menschlichen Geliebten, und zwar dann (in den Momenten), wenn dies eine Begegnung auf der Stufe 4 ist. Denn erst hier sehen wir den anderen wirklich und spüren wir uns selbst wirklich.

Für eine solche Liebe und Beziehung haben wir, wie gesagt, gesellschaftlich-kulturell noch keine Formen entwickelt, vor allem keine, die die Zweierbeziehung, die Elternschaft und einen guten Platz für Kinder organisch miteinbeziehen. Es dürfte in die Richtung offener, flexibler kommunitärer Lebensgemeinschaften gehen (alte Kommunemodelle sind für eine moderne Gesellschaft und Arbeitswelt viel zu starr), aber mehr als gute Ideen und ein paar Experimente gibt es dazu bisher nicht. Es kann sie auch nicht geben, weil es noch viel zu wenige gibt, deren Bewusstsein die vierte Stufe nicht nur gelegentlich erfahren hat, sondern dort wirklich angekommen ist. Also müssen alle, die sich von der Liebe so weit haben führen lassen, ihre eigene Weise und Form für Beziehungen finden, die der Liebe des Herzens genügend Raum geben. Das ist auch die beste Art und Weise, mit der Zeit eine neue Liebes- und Beziehungskultur und entsprechende gesellschaftliche Formen zu entwickeln.

Noch einmal:
Freie Liebe – Allein, verbunden und frei

Eine Frau entdeckt nach einer Aufstellung, dass sie allein ist. Bei ihren Eltern gab es keinen geschützten Platz für sie, wo sie einfach nur Kind sein konnte. Beide Eltern waren, jeder für sich, in ein schweres Schicksal verstrickt und dort gebunden, das Kind konnte ihnen nicht helfen und sie dem Kind nicht. Jeder war für sich allein.

Sie kleidet das am nächsten Tag in den Satz: „Mir ist etwas klar geworden, was mich schon mein ganzes Leben lang begleitet, was ich aber noch nie so deutlich gesehen habe: Ich bin einsam und habe nirgendwo einen Platz."

Ich antworte: „Der erste Teil deiner Aussage stimmt, der zweite nicht. Es stimmt, dass du einsam bist oder dich einsam fühlst. Du bist tatsächlich allein. Das ist deine Realität."

Während ich dies sage, sehe ich, wie sie sich entspannt, ruhig wird und ihr blasses Gesicht etwas Farbe bekommt.

Ich frage: „Wie geht es dir, wenn du das hörst?"

Sie antwortet: „Nicht gut, aber besser. Ich werde ruhig."

Ich sage: „Das ist das, was passiert, wenn man sich seiner Wirklichkeit stellt. Man wird ruhig, und als nächstes bekommt man Kraft." Sie ist ganz Ohr, und man sieht, dass sie sich noch mehr entspannt. Zugleich wirkt sie zunehmend gesammelter, ernster und kraftvoller. Das sind nur ganz subtile Anzeichen, die eine innere Bewegung anzeigen. Aber die Energie ist für jeden spürbar. Es ist, als wenn aus einem Kind ein erwachsener Mensch wird.

Ich fahre fort: „Und jetzt zum zweiten Teil: Wenn du in Kontakt mit deinem Alleinsein bist, bist du in Kontakt mit deiner Wirklichkeit. Und wenn du in Kontakt mit *deiner* Wirklichkeit bist, bist du auch in Kontakt mit der Wirklichkeit. Du bist mitten im Leben. Und dann hast du dort auch einen Platz und kannst in Kontakt mit allen anderen sein. Dein Alleinsein bleibt eine Tatsache, aber du wirst dich nicht mehr einsam fühlen. Solange du dein Alleinsein aber nicht sehen und nicht nehmen willst, bist du von deiner eigenen Wirklichkeit abgeschnitten und damit auch von der Wirklichkeit überhaupt. Dann fühlst du dich verloren."

Sie nickt, und man kann sehen, dass es ihr gut geht, obwohl der Ernst bleibt. Der ist auch angemessen, denn es ist etwas sehr Schweres und Grundlegendes, dem sie da begegnet ist. Grundlegend nicht nur für sie, sondern für jeden.

Wir sind alle allein. Die einen empfinden dies mehr und schmerzhafter, die anderen weniger. Wer in der Kindheit in seiner Familie einen guten Platz hatte, hat es leichter, darauf zu vertrauen, dass er aufgefangen und getragen wird. Er hat eine gewisse Sicherheit kennengelernt, das Gefühl der Geborgenheit, des Angenommen- und Geliebt-Seins.

Wem, wie der Frau aus diesem Beispiel, diese Erfahrung fehlt, hat es sicher schwerer, sich dem Unbekannten, weiten Raum zu öffnen, den die Welt für uns bedeutet. Aber auch jeder andere, wie behütet er auch aufgewachsen ist, muss eines Tages den Schritt in die Welt ganz für sich allein machen, auch für ihn ist das Erkennen des Alleinseins eine schmerzhafte Erfahrung, und auch er wird sich dann einsam und verloren fühlen.

Wir alle kennen das Gefühl der Einsamkeit und versuchen auf viele Weisen, ihm auszuweichen. Zum Beispiel, indem wir es betäuben mit Alkohol und anderen Drogen; zum Beispiel, indem wir es mit hektischer Aktivität, mit

Konsum, mit Erlebnissucht, mit Arbeit, mit Sex zu übertünchen versuchen. Auch Therapie- und Wachstumsgruppen dienen oft diesem Zweck, und viele bedienen ihn auch, indem sie dem Bedürfnis nach Gemeinschaft entgegenkommen. Das alles bringt uns der Lösung keinen Schritt näher. Die Lösung ist, sich seinem Alleinsein zu stellen und es zu nehmen.

Auch eine Beziehung hebt die Tatsache des Alleinseins nicht auf. Wir werden allein geboren, und wir sterben allein. Auch wenn andere mit dabei sind: Im Innern sind wir allein. Es gibt etwas, was wir mit niemandem teilen können, und es gibt etwas, was uns niemand abnehmen kann. Es ist allein unsere Geburt, es ist allein unser Tod. Niemand kann mein Leben erfahren und leben außer mir, niemand kann meinen Tod an meiner Stelle sterben.

Der Wunsch, der Partner oder die Beziehung möge einem dieses Alleinsein nehmen und ersetzen, ist gefährlich für die Beziehung. Nein, das ist nicht ganz richtig: Der Wunsch ist natürlich, das Festhalten an dem Wunsch ist gefährlich. Früher oder später merken wir nämlich, dass wir auch in der Beziehung letztlich allein sind, dass es einen Bereich gibt, den der Partner nicht mit uns teilen kann und den wir nicht mit ihm teilen können. Wenn wir dann trotzdem an unserem Wunsch festhalten, ist die Beziehung in größter Gefahr. Denn der Partner ist damit überfordert. Unser Alleinsein ist existenziell, es hat nichts mit der Beziehung zu tun.

Aus dem Einverständnis mit diesem Alleinsein heraus können wir dem Partner frei begegnen und zugleich unserer Bindung an ihn zustimmen. Bindung setzt das Alleinsein voraus – nur zwei Einzelne können sich binden.

Sie hebt es aber nicht auf – das wäre Verschmelzung,

Auflösung. In der Verbundenheit von zwei Einzelnen behält jeder seine Identität und seine Würde. Zugleich ändert sich aber mit der Zustimmung zu Bindung und Alleinsein deren Charakter und Wirkung. Indem man der eigenen Wirklichkeit zustimmt, stimmt man der ganzen Wirklichkeit zu. Damit sind wir aber mit dieser ganzen Wirklichkeit in Verbindung – so, wie ich es im obigen Fall beschrieben habe.

Diese Verbindung hebt sowohl das Gefühl der Einsamkeit auf (nicht die Tatsache des Alleinseins!) und lockert auch die Bindung, indem sie uns mit Weiterem (mit dem Ganzen) verbindet. Das schließt dann alle früheren Bindungen ein, ohne dass diese aufhören zu existieren. Wir sind verbunden und im Verbundensein zugleich frei.

Wenn ich einen Menschen liebe und dieser Liebe treu bin, bin ich frei. Ich bin ja einverstanden mit dem, was ist; einverstanden mit dem anderen, wie er oder sie ist, und einverstanden mit meiner Liebe. Ich brauche dann noch nicht einmal seine Liebe. Die beiderseitige Liebe ist vielleicht notwendig, damit eine Beziehung Bestand haben kann, aber wenn nur einer liebt, ist er trotzdem frei. Er bleibt dies auch, wenn der andere die Liebe nicht erwidert.

Liebe heißt Zustimmung zur Wirklichkeit, so wie sie ist; Zustimmung zu einem Menschen, so wie er ist; und auch: Zustimmung zu mir, so wie ich bin. Die Freiheit entsteht in der und durch die Zustimmung und Übereinstimmung. Oder durch das Einverstandensein mit dem, was ist. Was macht dies möglich? Der einfache, klare, unverstellte Blick auf die Wirklichkeit, die Bereitschaft, sich vollkommen nackt dem auszusetzen, was ist. Wenn man sich der Wirklichkeit stellt, wirkt sie auf wunderbare Weise. Wenn ich vor dem, was ist, innehalte, brauche ich nichts anderes und nirgendwo anders hin. Wenn ich nichts anderes brauche, bin ich frei. Diese Freiheit ist nicht gegen die Bindung. Im Gegenteil: Sie beinhaltet die Zustimmung zur Bindung. Sie ist auch nicht Unabhängigkeit, sondern beinhaltet die Anerkennung der wechselseitigen Abhängigkeit, die Anerkennung unseres Angewiesenseins auf andere. Man kann sie auch nicht direkt anstreben, denn wenn ich die Freiheit suche, will ich der Bindung entfliehen.

Diese Freiheit findet sich im Innern des Lebens, im Innern der Liebe, auch im Innern der Bindung (denn Leben ist immer auch Bindung). Es ist wie in der Natur, wo die Stille im Innern, im Auge des Hurrikans ist, oder der Sog des Strudels in seinem Innern, wenn er einen ganz auf den Grund gezogen hat, aufhört und einen mühelos in die Freiheit entlässt. Auf diesen Grund kommt aber nur der lebend, der aufgehört hat zu kämpfen, der sich dem Strudel willenlos ergeben und sich in sein Innerstes hat ziehen lassen.

Wir haben eine große Angst, uns ganz der Liebe zu überlassen, weil wir fürchten, dann ganz hilflos, ausgeliefert und abhängig zu sein. Das ist aber nicht der Fall. Sicher: Wir sind in gewisser Weise hilflos, denn wenn man liebt, liebt man, und wenn dann der andere etwas tut, was einen schmerzt oder verletzt, oder wenn ihm ein Unglück zustößt, leidet man. Die Liebe bringt es mit sich, dass man alles, was der andere tut oder was ihm geschieht, auch an sich selbst fühlt, dass man von allem betroffen ist. Sein Glück ist auch mein Glück, sein Schmerz ist auch mein Schmerz, und wenn er mir weh tut, schmerzt dies unendlich mehr, als wenn dies ein anderer tut.

Die Liebe scheint also direkt in die Abhängigkeit zu führen. Aber dies scheint nur so. Denn wenn ich bei allem, was passiert, in der Liebe bleibe, kann der Schmerz mir kaum etwas anhaben. Abhängig und ausgeliefert sind wir nur, wenn wir etwas erwarten, wenn wir zum Beispiel als Gegenleistung für unsere eigene Liebe auch vom anderen geliebt werden wollen. Dann sind wir aber noch nicht ganz in der Liebe; dann lieben wir nur „unter der Bedingung, dass …".

Ich stelle damit keine Forderung auf, wie Liebe zu sein hat. Ich beschreibe nur, wie sie ist, wenn man sich ganz darauf einlässt. Sie nimmt uns dann nämlich keine Freiheit, sondern schenkt uns diese erst ganz. Wenn unsere Liebe nicht mehr abhängig ist davon, was der andere tut, sind wir ihm in dieser Liebe zwar tief verbunden, aber wir sind alles andere als unfrei. Tatsächlich weitet sich die Liebe dann sogar über den Geliebten aus auf andere. Je mehr ich mich im Einzelfall in die Liebe ergebe, umso liebender werde ich. Und je liebender ich werde, umso weniger kann ich die Liebe auf einzelne begrenzen, umso umfassender wird sie.

Dies hat auch Auswirkungen auf die Beziehung. Denn damit vertieft sie sich nicht nur, sondern sie wird zugleich freier. Je bedingungsloser die Liebe, umso geringer die gegenseitige Abhängigkeit. Je liebevoller die Verbindung, umso geringer der Bann. Die Beziehung wird damit loser, sie kann sein, kann aber auch nicht sein. So führt das Sich-Einlassen am Ende zur Freiheit.

—⁂—

Die Evolution des Bewusstseins,
spirituelles Wachstum und das Familienstellen

Wilfried Nelles

**DAS LEBEN HAT
KEINEN RÜCKWÄRTSGANG**

Die Evolution des Bewusstseins,
spirituelles Wachstum und
das Familienstellen
304 S. · Klappenbroschur ·
D 16,80 · Ö 17,30
ISBN 978-3-936360-51-6

Wohin trägt uns das Leben?
· Wie kommen wir in Kontakt und in
  Einklang mit dem, was wir sind?
· Wie prägt das Bewusstsein unserer Zeit unsere Sicht der Welt?
· Was bindet, formt und wandelt unser persönliches Bewusstsein?
· Wie beeinflussen sich kollektive und persönliche Wachstums-
  prozesse?

Diesen Fragen geht Wilfried Nelles nach. In klarer und anschaulicher
Sprache zeichnet er eine Landkarte des Bewusstseins und seiner Ent-
wicklung, die sowohl Orientierung bietet als auch persönlich berührt.
Vor dem Hintergrund dieser Landkarte zeigt er dann, welche Rolle die
Therapie im Allgemeinen und das Familienstellen im Besonderen im
Prozess der spirituellen Entfaltung des Bewusstseins spielen. Daraus
entwickelt er Grundzüge einer spirituellen Aufstellungsarbeit.

*„Ich erlaube mir, meinen innersten Dank für dieses großartige Buch
auszudrücken, das in seiner kristallinen Klarheit mehr Wachstums-
impulse setzen konnte als die letzten zehn Bücher (einschließlich
Herrn Tolle) zusammen ..."*
Roswitha Schalk, München

www.innenwelt-verlag.de